ANNE-KATRIN WEBER | FOTOS: WOLFGANG SCHARDT

A DELICIOSA COMIDA DE BISTRÔ

O MELHOR DA
COZINHA FRANCESA
CLÁSSICA E MODERNA

LES AMUSE-BOUCHES LITTÉRAIRES

LE BISTRO – MON AMOUR!
NAS PÁGINAS A SEGUIR – NA DEGUSTAÇÃO DA LEITURA DESTE LIVRO – CONTAREI SOBRE "MINHA" FRANÇA E MINHA COMIDA DE BISTRÔ. E SOBRE COMO EU SEMPRE LEVO PARA CASA A EXPERIÊNCIA DE **SAVOIR VIVRE.**

BIENVENUE!

Savoir vivre todos os dias, é para isto que quero convidar você nas próximas páginas. Nasci em Stuttgart, moro em Hamburgo, mas sou francesa de coração – tem algo melhor do que levar para casa um pedacinho da França? Assim como eu, desfrute as pausas do cotidiano e seja fisgado pelo paraíso francês e o seu agradável estilo de vida!

Zislaweng, palavra usada coloquialmente pelos cidadãos de Hamburgo que significa "com muito esforço", iniciei este livro bastante pessoal. (A salada linguística formando a palavra alemã também é francesa: *entre le zist et le vent* significa "o que há entre o nada e o vento".) Acompanhe-me no meu passeio por bistrôs franceses e comidas caseiras. Venha comigo para uma viagem culinária pelo meu país preferido.

Amo os inúmeros clássicos que, há décadas, têm seu lugar cativo nos cardápios dos bistrôs entre Paris e Lyon, bem como os pratos autênticos da *cuisine ménagère* da cozinha familiar francesa. Atualizei algumas receitas, adaptei outras segundo minhas preferências ou as de minha família, ou interpretei-as de uma nova forma – em todos os casos, você pode esperar uma boa quantidade de sabores e simplicidade francesa na panela.

Aqui você não encontrará *haute cuisine*, o papel principal é desempenhado pelos pratos do dia a dia com praticidade e ingredientes de alta qualidade – como acontece nos bistrôs! E, caso você queira oferecer um pouco mais: *Mais oui*, pensei também em seus convidados e festas. Receitas deliciosas, porém descomplicadas e fáceis de preparar – estas são minhas prioridades, independentemente de a ocasião ser um encontro *en famille* ou *la grande bouffe*.

Digo *au revoir* e *tschüss* [até logo], queridos leitores – cumprimento este que também veio com os franceses para Hamburgo há muito tempo…

Com carinho,

Anne-Katrin Weber

CHEIA DE SABOR E ALEGRIA DE VIVER: MINHA COZINHA BISTRÔ

Há coisa melhor do que estar em um bistrô parisiense? Basta fechar os olhos para sentir-se em um. Ouço o barulho da cozinha, o tilintar da louça, a conversa dos clientes ao meu redor, observo o atarefado garçom fazendo seu trabalho… Ah, se eu pudesse estar lá com mais frequência!

Mas, como Paris não fica logo na esquina de Hamburgo, levo para casa a joie de vivre, *o agradável estilo de vida dos franceses, e faço meu bistrô exclusivo. Meu espacinho onde posso dividir minha mania francesa com a família e os amigos e também o melhor lugar para o fogão e a mesa de jantar.*

FAZENDO COMPRAS À MODA FRANCESA

Antes de falar sobre o preparo, quero encorajar você a fazer compras de forma consciente e da melhor maneira francesa: fazendo perguntas, apertando, cheirando e experimentando! Peça conselhos ao seu açougueiro, faça compras na feira, esfregue ervas frescas entre os dedos, converse com seu peixeiro, experimente deliciosos tipos de queijo – a boa qualidade dos ingredientes principais e a valorização de especialidades regionais, bem como de produtos sazonais, são muito mais importantes que supostos alimentos de luxo!

AROMAS TÍPICOS!

Durante a primavera e o verão encontro na feira ervas típicas que garantem um toque francês à minha panela: o manjericão, cujas folhinhas têm um sabor especialmente aromático, e também o cheiroso tomilho, a forte segurelha, o louro fresco e, é claro, o alecrim, que eu adoro.

TRADIÇÃO ENCONTRA QUALIDADE!

Misturo as características gerais da culinária francesa de bistrô, ou seja, os melhores e mais frescos ingredientes principais e um preparo tradicional, com meu próprio jeito de cozinhar. Minha cozinha bistrô é, sobretudo, fácil e descomplicada, conta com muitas verduras frescas da época e pouca carne, e muito do que a princípio parece demorado é simples de se preparar. E é assim porque considero importante, também em meu bistrô em casa, que eu tenha tempo para cozinhar e para aproveitar junto com as pessoas logo em seguida – é assim que eu me divirto ainda mais! Ao fazer isso, já posso começar a imaginar em qual bistrô eu poderei espairecer em minha próxima viagem à França…

NA FRANÇA, O DELEITE JÁ COMEÇA DURANTE AS COMPRAS!

LE MATIN

CONFITURE DE FIGUES AUX NOIX **GELÉE DE POIRES AU GEWURZ** GELÉE DE FRAISES AU THYM · CONFITURE D'ABRICOTS · **CONFITURE DE CARAMEL** · PÂTE À TARTINER AU CHOCOLAT CROISSANTS · **BRIOCHETTES AUX FIGUES** · PAIN BRIOCHÉ **ET PLUS...**

CONFITURE DE FIGUES AUX NOIX

GELEIA DE FIGO COM NOZES

Você pode achar estranho usar vinagre balsâmico em uma geleia doce. Mas fiz uma colheita espontânea de figos durante um passeio de bicicleta em Luberon e as frutas maduras precisavam ser rapidamente colocadas na panela. Como havia apenas um limão, completei com vinagre balsâmico para ver no que dava: todos acharam o resultado maravilhoso.

PARA 4 VIDROS (DE APROX. 250 ML)

Tempo de preparo: aprox. 45 minutos
Tempo de descanso: no mínimo 2 horas
Por vidro: aprox. 850 kcal

1 kg de figos maduros
1 limão orgânico
1 laranja orgânica
3 colheres (sopa) de vinagre balsâmico
500 g de açúcar demerara
20 g de pectina em pó*
100 g de nozes

* A pectina em pó pode ser encontrada em concentrações diferentes. Para as nossas receitas, utilizamos uma que tem a proporção de 20 g de pectina por 1 kg de fruta. Verifique as instruções da embalagem antes de usar.

MINHA DICA SABOROSA

A geleia aromática também combina como acompanhamento doce para queijos fortes de cabra e azuis (roquefort!), presunto cru ou rosbife.

1. Corte os figos em tiras finas. Lave o limão e a laranja com água quente, seque, descasque reservando as cascas, e esprema o suco das frutas.

2. Em uma panela grande, coloque os figos com o suco e as cascas do limão e da laranja, e o vinagre balsâmico. Misture bem o açúcar demerara com a a pectina e junte à panela. Mexa e deixe descansando por, no mínimo, 2 horas antes de ligar o fogo, para obter o suco. Depois, quebre as nozes grosseiramente e misture-as ao conteúdo da panela.

3. Cozinhe tudo em fogo alto até o ponto de fervura, mexendo sempre. Depois de ferver, cozinhe por mais 8-10 minutos. Enquanto isso, enxágue com água quente os vidros limpos com tampa roscada e deixe-os secar com a boca virada para baixo. Encha os vidros com a geleia até o topo. Feche bem e deixe virado de cabeça para baixo por 20 minutos. A geleia de figo com nozes é válida por, no mínimo, 6 meses.

GELÉE DE POIRES AU GEWURZ

GELEIA DE PERA COM GEWÜRZTRAMINER

O vinho alsaciano, fortemente aromático, dá à geleia um abundante aroma de especiarias e frutas exóticas. Assim como a geleia, o conteúdo da garrafa combina principalmente com queijo não pasteurizado maturado ou com uma quiche condimentada.

PARA 4 VIDROS (DE APROX. 400 ML)

Tempo de preparo: aprox. 50 minutos
Por vidro: aprox. 1450 kcal

1 fava de baunilha
1 kg de peras maduras e aromáticas
500 ml de suco de maçã integral
3-4 colheres (sopa) de suco de limão
250 ml de vinho Gewürztraminer
5 cravos-da-índia
1,25 kg de açúcar demerara
60 g de pectina em pó (ver nota na p. 10)

1. Corte a fava de baunilha ao meio no sentido longitudinal e raspe as sementes com uma colher de chá. Descasque as peras, corte-as em quatro e retire as sementes.

2. Leve ao fogo o suco de maçã, o suco de limão, 250 ml de água, o Gewürztraminer, os cravos-da-índia, as sementes e a fava de baunilha. Adicione os quartos de pera e cozinhe em fogo baixo sem tampa por aproximadamente 10 minutos. As peras devem ficar macias, mas ainda firmes. Retire os pedaços de pera com uma escumadeira, deixe esfriar um pouco e corte em cubos pequenos. Reserve.

3. Misture bem o açúcar demerara com a pectina e junte ao líquido. Cozinhe em fogo alto até o ponto de fervura, mexendo sempre. Depois de ferver, cozinhe por mais 8-10 minutos. Enquanto isso, enxágue com água quente os vidros limpos com tampa roscada e deixe secar com a boca virada para baixo.

4. Se desejar, retire a fava de baunilha e os cravos-da-índia da geleia e adicione os cubos de pera. Encha os vidros com geleia até o topo. Feche bem e deixe virado de cabeça para baixo por 20 minutos. A geleia de pera é válida por, no mínimo, 6 meses.

GELÉE DE FRAISES AU THYM

GELEIA DE MORANGO COM TOMILHO

O que mais gosto de fazer com a geleia vermelha com leve aroma de ervas é passá-la em uma fatia grossa de brioche amanteigado. Às vezes, antes de colocá-la nos vidros, coloco um pouco de licor de laranja – também fica uma delícia!

PARA 4 VIDROS (DE APROX. 250 ML)

Tempo de preparo: aprox. 50 minutos
Tempo de descanso: aprox. 30 minutos
Por vidro: aprox. 660 kcal

2 kg de morangos maduros e aromáticos
4-6 ramos pequenos de tomilho
5 colheres (sopa) de suco de limão fresco
5 colheres (sopa) de suco de laranja fresco
500 g de açúcar cristal
20 g de pectina em pó (ver nota na p. 10)

Além disso:
1 coador de pano (pano para fazer queijo)

1. Em uma peneira, lave os morangos, retire as folhas, limpe e coloque em uma panela. Adicione 100 ml de água. Lave os ramos de tomilho, seque e coloque na panela. Tampe e cozinhe os morangos em fogo médio por 10 minutos.

2. Coloque o coador de pano em outra peneira, sobre uma vasilha. Despeje a mistura de morango na peneira e deixe escorrer bem por aproximadamente 30 minutos, reservando o suco. Em seguida, pressione bem a fruta com o auxílio do coador de pano.

3. Misture bem o açúcar cristal com a pectina. Meça 900 ml de suco de morango e cozinhe novamente com o suco de limão, o suco de laranja e o açúcar com pectina. Deixe ferver por 8-10 minutos e retire a geleia com uma escumadeira. Se você quiser ter certeza de que a geleia engrossou o suficiente, faça um teste de gelificação (veja a dica).

4. Enquanto isso, enxágue com água quente os vidros limpos com tampa roscada e deixe secar com a boca virada para baixo. Encha os vidros com geleia até o topo. Feche bem e deixe virado de cabeça para baixo por 20 minutos. A geleia de morango com tomilho é válida por, no mínimo, 6 meses.

MINHA DICA PRÁTICA

Para fazer um teste de gelificação, coloque 1 colher de chá de geleia em um pires e espere um pouco para ver se a geleia de morango fica firme. Se não ficar, cozinhe um pouco mais o suco e repita o teste.

LA VIE EST DURE SANS CONFITURE: MEU SOL NO VIDRO

Quando me perguntam o que fiz nas férias, às vezes respondo: "Fiz geleias". E a reação é um desconfiado levantar de sobrancelhas ou uma agradável risada: por que é que eu – nas férias! – faço geleia? Fico tanto tempo na cozinha? Dou-me tanto trabalho? Por que não prefiro relaxar?

Muito simples: porque fazer geleia é, para mim, puro relaxamento! Porque eu amo o aroma exalado durante o cozimento que alcança todos os cômodos. Porque, para mim, não há frutas mais suculentas, maduras e aromáticas do que as do sul da França, onde já passei muitas de minhas férias. A curiosidade por saber se a geleia ficará tão gostosa quanto aquela de um ou dois anos atrás. A alegria de estar de volta a Hamburgo e abrir um vidro de "sol cozido" na estação mais fria do ano – trazendo as lembranças dos belos dias despreocupados em *la douce France*. E, é claro, porque as geleias compradas só me agradam em casos excepcionais: são muito doces, têm pouca fruta, pouco aroma, são muito duras – eu consigo fazer muito melhor!

Nada melhor do que ir para a cozinha e pegar, de preferência, aquelas panelas grossas e pesadas de cobre. Um *chaudron* destes, como os franceses chamam, que comprei há alguns anos em um mercado de pulgas em Luberon, não é para os fogões chiques de alta

tecnologia, mas é a panela certa para meu fogão a gás. Mas não se preocupe: minhas geleias também funcionam bem em uma panela normal grande.

SÓ AS MELHORES ENTRAM NO VIDRO!

O fundamental no que diz respeito a fazer geleias é a escolha das frutas. Não é preciso comprometer-se com isso, não vale a pena – pense no tanto de trabalho, tempo e... portanto, escolha apenas frutas maduras, pois, com os pêssegos duros do supermercado você não conseguirá uma geleia suculenta e aromática, por mais que tente.

E faça como os franceses: dê tempo para as frutas! Sempre as corte primeiro em pedaços pequenos, misture-as na panela com açúcar e deixe-as descansando por algumas horas ou por uma noite, até que se desenvolva um xarope espesso. Em seguida, cozinhe tudo lentamente mexendo de vez em quando e deixe ferver até que uma boa quantidade do líquido tenha evaporado. Por fim, coloque a geleia pronta em vidros limpos, enxaguados com água quente. Deixe esfriar, etiquete-os graciosamente e identifique-os – assim você sempre terá na manga um simpático presentinho!

DESPERTANDO O VERÃO EM DIAS CINZENTOS DE INVERNO!

CONFITURE D'ABRICOTS

GELEIA DE DAMASCO

Se encontrar aqueles reluzentes damascos "Bergeron" alaranjados na feira, compre-os imediatamente. Mas as frutas precisam estar maduras, de forma que o suco escorra entre os dedos ao se retirar o caroço...

PARA 4 VIDROS (DE APROX. 250 ML)

Tempo de preparo: aprox. 50 minutos
Tempo de descanso: no mínimo 4 horas
Por vidro: aprox. 740 kcal

1 kg de damascos maduros e aromáticos
1 fava de baunilha
500 g de açúcar refinado
20 g de pectina em pó (ver nota na p. 10)
3 colheres (sopa) de suco de limão
100 g de amêndoas inteiras sem pele

1. Corte grosseiramente o damasco em tiras e coloque em uma panela. Corte a fava de baunilha ao meio no sentido longitudinal, raspe as sementes e adicione à panela. Misture bem o açúcar refinado com a pectina e coloque na panela junto com o suco de limão. Deixe a mistura descansar na panela por no mínimo 4 horas antes de levar ao fogo, para obter o suco.

2. Nesse meio tempo, doure as amêndoas em uma frigideira antiaderente, sem óleo, em fogo baixo, até começarem a soltar aroma. Deixe esfriar e pique as amêndoas grosseiramente.

3. Após o período de descanso, misture a massa de damascos com as amêndoas e cozinhe. Escume, se necessário. Após ferver, cozinhe por mais 8-10 minutos.

4. Enquanto isso, enxágue com água quente os vidros limpos com tampa roscada e deixe secar com a boca virada para baixo. Encha os vidros com geleia até o topo. Feche bem e deixe de cabeça para baixo por 20 minutos. A geleia de damasco é válida por, no mínimo, 6 meses.

CONFITURE DE CARAMEL

CREME DE CARAMELO

O saboroso creme não poderia ficar de fora! O confiture de caramel *é uma delícia não apenas em croissants e baguetes, mas também incrementa crepes e waffles simples e é um ótimo recheio para os macarons de chocolate da página 167.*

PARA 3 VIDROS (DE APROX. 225 ML)

Tempo de preparo: aprox. 40 minutos
Por vidro: aprox. 1235 kcal

300 g de açúcar refinado
250 g de manteiga
200 g de creme de leite
Sal marinho (de preferência, flor de sal)

1. Misture o açúcar e 4 colheres (sopa) de água em uma panela grande. Deixe derreter em fogo baixo-médio até obter um caramelo marrom dourado (tenha paciência, pode demorar 10 -15 minutos). Não mexa!

2. Corte a manteiga em pedaços pequenos e adicione aos poucos ao caramelo no fogo. (Cuidado, o caramelo estará muito quente e poderá espirrar!) Deixe o caramelo com a manteiga cozinhando por aproximadamente 2 minutos. Durante este processo, é possível que a manteiga separe-se do açúcar. Você consegue obter um creme homogêneo misturando vigorosamente com um fouet.

3. Aqueça o creme de leite. Assim que o caramelo e a manteiga se misturarem, tire a panela do fogo. Acrescente o creme de leite aquecido e ¾ de colher (chá) de sal marinho, mexendo até que o creme fique liso novamente.

4. Enquanto isso, enxágue com água quente os vidros limpos com tampa roscada e deixe secar com a boca virada para baixo. Encha os vidros com o creme de caramelo até o topo e feche bem. O creme de caramelo permanece fresco na geladeira por, no mínimo, 8 semanas.

MINHA VARIANTE

Às vezes, passo o creme de caramelo em uma massa de brioche aberta, corto-a em tiras, formo pequenos ninhos e asso até dourar. Estes "nós de brioche" acabam tão rápido quanto pães franceses.

PÂTE À TARTINER AU CHOCOLAT

CREME DE CHOCOLATE

Esta excelente iguaria cremosa de chocolate é ideal para adoçar as manhãs durante a semana – apesar de o creme de chocolate ter um sabor mais salgado que doce. O azeite de oliva é responsável por esta surpresa.

PARA 2 VIDROS (DE APROX. 180 ML)

Tempo de preparo: aprox. 25 minutos
Por vidro: aprox. 855 kcal

120 g de chocolate amargo para a cobertura
60 g de chocolate ao leite para a cobertura
100 g de creme de leite
Sal marinho (de preferência, flor de sal)
50 g de azeite de oliva de boa qualidade

1. Pique fino os dois tipos de chocolate e coloque em uma tigela. Cozinhe o creme de leite e despeje sobre o chocolate em três porções, mexendo sempre com o fouet.

2. Assim que a mistura do chocolate estiver bem homogênea, adicione uma boa pitada de sal marinho e acrescente o azeite em um fio fino. Se o chocolate esfriar demais, leve a tigela a banho-maria, mexendo até que o creme possa ser espalhado novamente.

3. Enquanto isso, enxágue com água quente os vidros limpos com tampa roscada e deixe secar com a boca virada para baixo. Encha os vidros com o creme de chocolate até o topo e feche bem. O creme permanece fresco na geladeira por, no mínimo, 6 semanas.

MINHA DICA AROMÁTICA

O creme ganha um toque aromático amendoado se você substituir metade do azeite de oliva por óleo de avelã. Nesse caso, também combina adicionar ao creme 2 colheres (sopa) de avelãs torradas e picadas fino.

CROISSANTS

MEIA-LUA DE MASSA FOLHADA LEVE

Pode confiar tranquilamente que os saborosos croissants mais do que compensarão os demorados processos de sovar, dobrar e esfriar! Não é uma receita para iniciantes, devo admitir, mas, com um pouco de treino, você conseguirá croissants tão amanteigados e crocantes quanto os meus.

PARA 20 UNIDADES

Tempo de preparo: aprox. 1h15
Tempo de descanso e esfriamento: ao todo aprox. 16 horas
Tempo de forno: 2x 15-20 minutos
Por unidade: aprox. 190 kcal

500 g de farinha de trigo
20 g de fermento biológico
10 g de sal marinho
50 g de açúcar refinado
1 ovo médio
125 ml de leite
225 g de manteiga

Além disso:
Farinha para trabalhar
1 ovo para pincelar
Papel-manteiga

MINHA DICA PRÁTICA

Você pode congelar os croissants crus: embale-os separadamente em sacos para congelar. Antes de assar, descongele por 45 minutos em temperatura ambiente, pincele com ovo e asse por 15-20 minutos até ficarem crocantes.

1. Coloque a farinha em uma tigela e esfarele o fermento. Adicione o sal marinho, o açúcar, o ovo, o leite e 125 ml de água fria. Bata tudo na batedeira por aproximadamente 5 minutos até obter uma massa elástica. Molde uma bola com a massa, polvilhando um pouco de farinha, e coloque em uma tigela enfarinhada. Cubra com um plástico e leve à geladeira por 12 horas. Espalhe a manteiga entre duas camadas de papel-manteiga, coloque em uma assadeira de 20 × 20 cm, cubra e coloque na geladeira.

Tire a massa de fermento da tigela e coloque em uma superfície enfarinhada; cubra e deixe descansar por 1 hora. Retire a manteiga da geladeira. Abra a massa em um retângulo de aproximadamente 30 × 40 cm e coloque a chapa de manteiga no meio. Dobre as bordas da massa sobre a manteiga, como um envelope, pressionando bem as pontas da massa. Abra a massa, polvilhando um pouco de farinha, até a metade do comprimento. Para a primeira "volta", dobre um terço da massa ao meio e o restante dela por cima. Envolva a massa com filme plástico e leve à geladeira por 20 minutos. Repita este processo de dobra e esfriamento mais duas vezes.

2. Depois de dobrar a massa pela terceira vez, abra em um retângulo de 30 × 60 cm, divida na metade no sentido longitudinal e corte em 10 triângulos com uma faca grande. Corte aproximadamente 2 cm no meio do lado mais curto de cada triângulo e desenrole um pouco, separando levemente o corte. Dobre as extremidades, formando o típico desenho de croissant. Cubra duas assadeiras com papel-manteiga, coloque os croissants, cubra com um pano de prato e deixe em um local quente por 2 horas.

3. Preaqueça o forno a 200°C. Pincele os croissants com o ovo batido. Asse na grelha do meio por aproximadamente 15-20 minutos até dourar (uma assadeira de cada vez!).

BRIOCHETTES AUX FIGUES

PEQUENOS BRIOCHES COM FIGOS

Para mim, os pequenos brioches à tête *são especialmente saborosos recém--saídos do forno. Os figos podem ser substituídos por uvas-passas ou, na variação preferida de meus filhos, por grandes pedaços de chocolate amargo!*

PARA 18 UNIDADES

Tempo de preparo: aprox. 1h20
Tempo de descanso e esfriamento: ao todo aprox. 17 horas
Tempo de forno: aprox. 15 minutos
Por unidade: aprox. 270 kcal

Para a massa:
500 g de farinha de trigo
50 g de açúcar refinado | Sal marinho
25 g de fermento biológico
5 ovos médios | 4 colheres (sopa) de leite
60 g de avelãs
100 g de figos secos
250 g de manteiga gelada
Sementes de ½ fava de baunilha

Além disso:
Farinha para trabalhar
Manteiga para untar
1 gema e 2 colheres (sopa) de leite para pincelar
18 forminhas de brioche (veja a dica)

MINHA DICA PRÁTICA

Quem não tiver forminha de brioche pode assar brioches maiores em fôrmas de muffin com 12 cavidades. O tempo de forno aumenta alguns minutos.

1. Na noite anterior, coloque a farinha, o açúcar e ¾ de colher (chá) de sal marinho em uma tigela grande de batedeira. Esfarele o fermento na mistura de farinha. Adicione os ovos e o leite. Bata tudo na batedeira por aproximadamente 5 minutos até obter uma massa elástica. Neste meio tempo, pique as avelãs grosseiramente. Corte os figos em cubos pequenos e faça imergir em 5 colheres (sopa) de água quente. Corte a manteiga em cubos e adicione aos poucos à massa. Escorra os figos em uma peneira, pressionando levemente, e acrescente à massa junto com as avelãs e a baunilha.

2. Bata a massa na batedeira por 10 minutos, primeiro em velocidade baixa e, em seguida, em velocidade média, até que fique uniforme e sedosa, mas ainda mole. Tampe a tigela com um plástico. Deixe a massa descansar em temperatura ambiente por 2 horas e, em seguida, por mais 12 horas na geladeira, de preferência da noite para o dia.

3. Na manhã seguinte, coloque a massa em uma superfície levemente enfarinhada, cubra com um plástico e deixe em temperatura ambiente por 1 hora. Unte bem as forminhas de brioche. Separe 18 porções da massa de aproximadamente 60 g e faça bolas com um pouco de farinha. Do restante da massa, faça 20 bolinhas do tamanho de uma azeitona. Coloque as bolas grandes nas forminhas e faça uma depressão no meio para colocar as bolinhas menores. Cubra com um plástico e deixe descansar por 2 horas em temperatura ambiente até crescer.

4. Enquanto isso, preaqueça o forno a 180°C. Misture a gema e o leite e pincele os brioches. Asse na grelha do meio por aproximadamente 15 minutos até dourar. Faça o teste do palito. Retire os brioches e deixe esfriar um pouco nas forminhas. Em seguida, coloque sobre uma grade e espere esfriar completamente.

CAFÉ DA MANHÃ EM FRANCÊS: LE PETIT DÉJEUNER

Tenho que admitir que não sou lá de tomar grandes cafés da manhã e correspondo totalmente ao clichê da capital francesa, o en route, *ou seja, pedir um rápido* "café express et un croissant" *no caminho para o trabalho.*

Durante a semana, fico satisfeita com uma grande xícara de *café au lait* (sem ela não há café da manhã), não preciso de muito mais que isso de manhã cedo. Um pedaço de pão tostado com um pouco de manteiga com sal, geleia ou mel – dá para preparar rapidinho sem precisar madrugar.

Nos fins de semana, porém, meu café da manhã é bem diferente. O ideal e costumeiro (homens, atenção!) é o monsieur trazer o café para mim na cama e o café da manhã acontecer mais tarde. E é gostoso que seja farto, e não me refiro a ovos com presunto ou simplicidades semelhantes, não, não, me refiro a croissants amanteigados, brioches cheirosos e baguetes crocantes. Acrescento ainda uma grande tigela de salada de frutas e queijos do meu vendedor da feira – para mim, é assim que começa um duradouro café da manhã de domingo.

Entre meus produtos de padaria preferidos está, sem dúvida, um brioche fresquinho. Quando estamos passeando em Paris, a busca pelo melhor e mais belo brioche em minhas confeitarias preferidas faz parte do

ritual de viagem. Sempre o encontro na *Boulangerie de Véronique Mauclerc*, em *Gontran Cherrier* ou na *Du pain et des idées*. Sou muito aberta no que diz respeito ao formato: gosto dele pequeno como *briochettes* ou *brioches à tête*, ou seja, com cabeça, mas também como *pain brioché* saído da fôrma de pão como brioche redondo. Gosto de cortá-lo em fatias bem grossas e colocar uma colher de geleia fina ou com pedaços de fruta – *c'est très délicieux!*

MINHA PEQUENA PADARIA DE BRIOCHES

Desde que descobri o quanto meus brioches ficam leves e macios em casa, com frequência eles fazem parte da nossa mesa de café da manhã de domingo. Meu truque: deixo a massa de fermento amanteigada por algumas horas, de preferência da noite para o dia, descansando na geladeira a aproximadamente 8°C. Dessa forma, ela pode desenvolver-se lentamente e ganhar bastante aroma. Na manhã seguinte, precisa descansar um tempo fora da geladeira até alcançar novamente a temperatura ambiente. A massa é então moldada, descansa mais um pouco para somente depois ser assada. Como eu disse, este método é adequado para pessoas que gostam de tomar café da manhã mais tarde nos finais de semana. O que você pode fazer é lutar para sair da cama bem cedo, tirar a massa da geladeira e dormir mais um pouquinho...

O SUPRASSUMO DO CAFÉ DA MANHÃ – QUASE COMO NA FRANÇA

PAIN BRIOCHÉ

BRIOCHE

Leve, cheiroso, macio e sem manteiga – o creme de leite faz com que este brioche seja um dos preferidos em minha mesa de café da manhã. É imprescindível que você dê à massa o tempo necessário para que possa desenvolver-se lentamente e tornar-se perfeita.

PARA 1 FÔRMA DE PÃO (30 CM DE COMPRIMENTO)

Tempo de preparo: aprox. 1 hora
Tempo de descanso e esfriamento: ao todo aprox. 14-16 horas
Tempo de forno: aprox. 40 minutos
Por fatia: aprox. 150 kcal
Rende 20 fatias

½ fava de baunilha
200 g de creme de leite
2 colheres (sopa) de leite
3 ovos médios
500 g de farinha de trigo
80 g de açúcar refinado | Sal marinho
1 colher (chá) de raspas de limão orgânico
10 g de fermento biológico

Além disso:
Farinha para trabalhar
1 colher (sopa) de leite para pincelar
1-2 colheres (sopa) de açúcar cristal para decorar

MINHA DICA PRÁTICA

Coloque as sementes de baunilha e o açúcar em um vidro com tampa roscada e deixe a mistura curtir por, no mínimo, uma semana – assim você obtém o melhor açúcar de baunilha possível.

1. Na noite anterior, corte a fava de baunilha no sentido longitudinal e raspe as sementes (veja a dica). Aqueça um pouco o creme de leite e o leite. Separe a gema e a clara de um ovo. Guarde a gema na geladeira em um recipiente fechado. Coloque a clara, os outros dois ovos, a farinha, o açúcar, ½ colher (chá) de sal marinho, as cascas de limão, a mistura de leite e creme de leite e o extrato de baunilha na tigela da batedeira. Esfarele o fermento e adicione-o. Bata tudo na batedeira por 15 minutos (não menos!). Retire a massa e forme uma bola plana com as mãos.

2. Coloque a massa de volta na tigela, cubra-a com um saco para congelar e deixe-a descansar em temperatura ambiente por 30 minutos. Coloque a tigela na geladeira e deixe a massa descansar por 12-14 horas durante a noite.

3. Na manhã seguinte, coloque a massa em uma superfície levemente enfarinhada, cubra-a com o saco para congelar e deixe-a descansando por 30 minutos. Divida a massa em seis grandes partes iguais. Abra cada parte longitudinalmente, dobre as extremidades para que a massa fique um terço menor, aperte-as e forme uma bola. Unte bem a fôrma de pão. Coloque as bolas de massa de forma intercalada, não lado a lado. Cubra a fôrma com o saco para congelar e deixe a massa crescer em temperatura ambiente por mais 60-90 minutos até chegar logo abaixo da borda da fôrma de pão.

4. Nesse meio tempo, preaqueça o forno a 180°C. Bata a gema guardada com o leite e pincele esta mistura na massa. Decore com açúcar cristal. Asse na grelha de baixo por 35-40 minutos até dourar, abrindo de vez em quando para que a superfície não escureça. Faça o teste do palito. Deixe o brioche esfriar um pouco na fôrma por 5 minutos e, depois, coloque em uma grade e deixe esfriar completamente.

LES ENTRÉES

CRACKERS AVEC DEUX TAPENADES · **NIDS DE TARTIFLETTE** · SALADE D'ARTICHAUTS AUX NAVETS · SALADE DE TOMATES AUX FRUITS · **ASPERGES VERTES AUX COQUILLES SAINT JACQUES** · SOUPE AU PISTOU SALADE DE LENTILLES · **TARTE TATIN AUX POIVRONS** · TERRINE D'AGNEAU SALADE NIÇOISE AU THON **ET PLUS…**

L'HEURE DE L'APÉRO: A AGRADÁVEL HORA DO APERITIVO

Realmente exemplar o apéro à la française*! Surpreendo-me que esta agradável forma de iniciar a noite ainda não tenha se estabelecido por aqui. Seja em um bistrô parisiense, em uma cafeteria na esquina mais próxima ou em casa: de qualquer forma, me agrada bastante a pequena pausa antes do jantar.*

O *apéro*, como é chamado informalmente o aperitivo, é bastante tradicional na França. Em casa, é o momento em que a família se reúne, relaxa e se prepara para jantar junto. O foco são as bebidas servidas para abrir o apetite, como o termo de origem latina *aperire* (abrir) sugere.

OS CLÁSSICOS

Entre os aperitivos preferidos na França estão uma taça de vinho branco, rosé ou um kir de creme de cassis e vinho branco. A coisa fica chique se você misturar o creme de cassis com champanhe ou espumante e evoluir para um Kir Royal. O pastis com aroma de anis também está no topo da lista dos abridores de apetite. Além das famosas marcas Ricard, Pastis 51 e Pernod, o que mais me agrada é o sabor intenso do Henri Bardouin da *Distilleries et domaines de Provence*. Gosto de tomá-lo principalmente no verão, gelado e com algumas pedras de gelo.

Há também inúmeras especialidades de aperitivos regionais como o vinho aperitivo doce (Muscat de Rivesaltes, Beaumes de Venise ou Banyuls) ou o vinho licoroso doce Pineau des Charentes. O maestro francês do coro em que canto há anos sempre nos oferece o último. No coro preservamos a tradição do *apéro* e aproveitamos cada ocasião para nos prepararmos com um pequeno copo e saborosos petiscos.

ACRESCENTE PETISQUINHOS

Para que as bebidas alcoólicas não subam direto à cabeça, o melhor é apreciar algumas comidinhas, pelo menos amendoins ou batatas chips. Azeitonas, salame apimentado cortadinho, cubos de queijo ou tomates--cereja normalmente são a pedida. Como gosto muito de cozinhar, em minha casa frequentemente há também pequenos *cakes*, saborosos bolos de queijo, bacon e ervas.

Quando você é convidado para um *apéro* por amigos ou vizinhos na França, é imprescindível levar o convite ao pé da letra. As pessoas encontram-se por uma horinha para uma taça, beliscam algumas azeitonas e salgados e despedem-se dos anfitriões – cada um janta em sua própria casa. Mais recentemente pode acontecer de você ser convidado para um *apéritif dînatoire*. Aqui, o *dîner*, a hora sagrada do jantar *en famille*, mistura-se ao aperitivo precedente. Os anfitriões oferecem comidinhas variadas e saborosas que serão comidas durante a noite inteira. Neste caso, também são servidos, além dos petiscos obrigatórios, *pâtés* finos ou encorpados, presunto e *saucissons secs*, verrines chiques em pequenos copos (receita na página 42), uma seleção de queijos finos e pãezinhos apimentados, como o *gougères* (receita na página 41).

INICIANDO A
NOITE COM SABOR!

Lindenhof
Salem

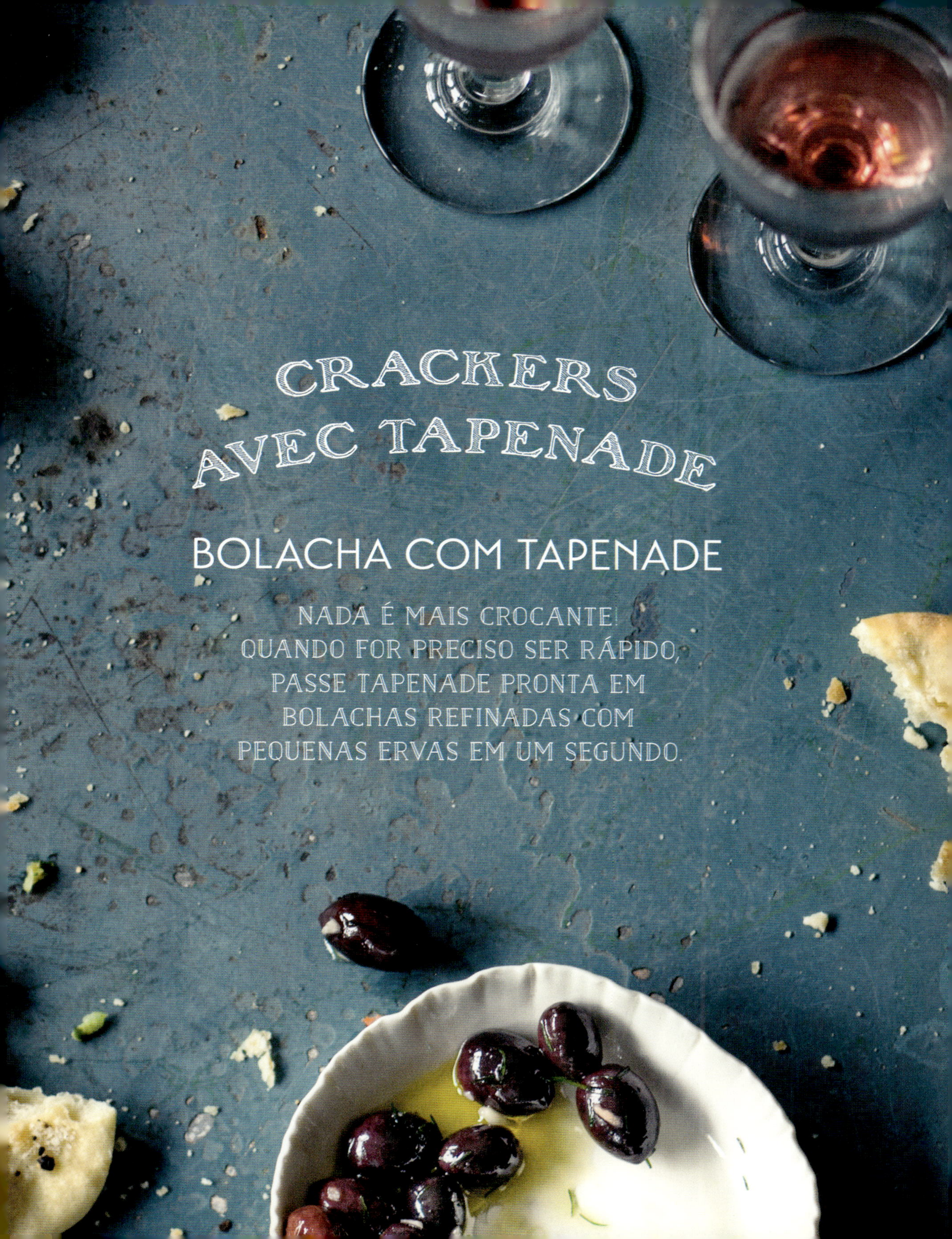

CRACKERS AVEC TAPENADE

BOLACHA COM TAPENADE

NADA É MAIS CROCANTE! QUANDO FOR PRECISO SER RÁPIDO, PASSE TAPENADE PRONTA EM BOLACHAS REFINADAS COM PEQUENAS ERVAS EM UM SEGUNDO.

CRACKERS À L'HUILE D'OLIVE

BOLACHA DE AZEITONA

Crackers pour croquer, *como a agradável mordida é chamada em francês. Você também pode polvilhar suas ervas preferidas nas bolachinhas crocantes – alecrim, segurelha ou tomilho combinam bastante.*

PARA APROX. 60 UNIDADES

Tempo de preparo: aprox. 35 minutos
Tempo de descanso: aprox. 6 horas
Tempo de forno: 2 × aprox. 8 minutos
Por unidade: aprox. 40 kcal

Para a massa:
500 g de farinha de trigo
25 ml de azeite de oliva
1 gema
Sal marinho

Além disso:
Farinha para trabalhar
Cortador ou copo (de aprox. 7 cm de diâmetro)
Aprox. 60 ml de azeite de oliva para pincelar e para untar
Flor de sal e pimenta para salpicar

1. Para a massa, primeiro bata vigorosamente na batedeira portátil a farinha com 210 ml de água fria, o azeite, a gema e ½ colher (chá) de sal marinho e, em seguida, sove tudo com as mãos por aproximadamente 5 minutos até obter uma massa uniforme e elástica. Envolva a massa com filme plástico e deixe descansar em temperatura ambiente por aproximadamente 6 horas.

2. Preaqueça o forno a 250°C. Divida a massa em duas partes e abra cada uma até a espessura de aproximadamente 2 mm em um pouco de farinha. Corte círculos de cerca de 7 cm com o cortador ou um copo. Sove a massa restante, abra e corte novamente.

3. Unte duas assadeiras com azeite de oliva. Pincele grosseiramente os dois lados das bolachas com o azeite e coloque na assadeira. Leve ao forno uma assadeira por vez na grelha do meio por aproximadamente 8 minutos até as bolachas ficarem douradas e crocantes. Com as bolachas ainda quentes, salpique um pouco de flor de sal e pimenta e deixe esfriando em uma grade para resfriar bolo.

PATÊ VERDE DE ERVA-DOCE

PARA 1 POTE (DE APROX. 400 ML)

Tempo de preparo: aprox. 30 minutos
Por porção: aprox. 115 kcal
Rende 10 porções

30 g de amêndoas picadas
1 bulbo pequeno de erva-doce com folha (aprox. 150 g)
1-2 dentes de alho
150 g de azeitonas verdes sem caroço
½ maço de salsa lisa
2-3 talos de estragão
1 colher (sopa) de alcaparras em conserva
1 colher (chá) de sementes de erva-doce
8 colheres (sopa) de azeite de oliva
2 colheres (sopa) de suco de laranja
Sal marinho | Pimenta

1. Doure as amêndoas em uma frigideira antiaderente, sem óleo, até começarem a soltar aroma. Espere as amêndoas esfriarem. Limpe e lave a erva-doce. Retire a parte verde. Corte a erva-doce ao meio e tire o talo. Pique fino a erva-doce e a parte verde.

2. Descasque o alho e pique grosseiramente com as azeitonas. Lave a salsa e o estragão, retire as folhas e pique.

3. Enxágue as alcaparras em uma peneira pequena, escorra e coloque em um copo alto com a erva-doce, o alho, as azeitonas, as ervas, as sementes de erva-doce e o azeite. Triture um pouco com o mixer. Adicione as amêndoas e tempere o patê com suco de laranja, sal marinho e pimenta. O patê de erva-doce – coberto com um pouco de azeite de oliva – mantém-se fresco na geladeira por aproximadamente 3 dias.

PATÊ DE AMEIXA E AZEITONA

PARA 1 POTE (DE APROX. 300 ML)

Tempo de preparo: aprox. 15 minutos
Por porção: aprox. 70 kcal
Rende 10 porções

4 ameixas secas sem caroço
1-2 dentes de alho
2-3 talos de manjericão
1 ramo de alecrim
150 g de azeitonas pretas sem caroço
1 colher (chá) de raspas de laranja orgânica
4-5 colheres (sopa) de azeite de oliva
Sal marinho | Pimenta

1. Pique um pouco as ameixas secas. Descasque e pique grosseiramente o alho. Lave o manjericão e o alecrim, seque e tire as folhas.

2. Coloque as ameixas secas, o alho, as ervas, as azeitonas e as raspas de laranja em um copo alto e triture um pouco com o mixer. Acrescente o azeite aos poucos e tempere o patê com um pouco de sal marinho e pimenta. O patê de ameixa e azeitona – coberto com um pouco de azeite de oliva – mantém-se fresco na geladeira por aproximadamente 5 dias.

MINHA VARIANTE

Para a tapenade clássica, triture 200 g de azeitonas pretas sem caroço com 20 g de alcaparras em conserva lavadas e escorridas, 1-2 filés de aliche em conserva, 1 dente de alho e aproximadamente 6 colheres (sopa) de azeite de oliva e tempere com pimenta.

GOUGÈRES

TROUXINHAS DE QUEIJO

Estas miudezas crocantes acabam tão rapidamente quanto são assadas – elas também são deliciosas puras e, de preferência, recém-saídas do forno...

PARA APROXIMADAMENTE 50 UNIDADES

Tempo de preparo: aprox. 30 minutos
Tempo de forno: 18-20 minutos
Por unidade: aprox. 30 kcal

75 ml de leite
60 g de manteiga
Sal marinho
110 g de farinha de trigo
60 g de queijo duro de sabor forte (como comté, gruyère)
3 ovos médios
Flor de sal para salpicar

Além disso:
Saco de confeiteiro com bico médio
Papel-manteiga
Sementes de gergelim, papoula ou nigela para polvilhar

1. Para a massa choux, leve ao fogo o leite, 75 ml de água, a manteiga e ½ colher (chá) de sal marinho. Tire a panela do fogo e despeje a farinha toda de uma vez. Mexa vigorosa e imediatamente com uma colher de pau e leve a panela de volta ao fogo. Mexa a massa em fogo médio até ficar uniforme e formar uma camada esbranquiçada no fundo da panela.

2. Despeje a massa em uma tigela. Rale o queijo fino e acrescente à massa. Coloque um ovo depois do outro, mexendo com a batedeira portátil até obter uma massa uniforme e brilhante.

3. Preaqueça o forno a 200°C. Coloque a massa em um saco de confeiteiro com bico médio. Cubra duas assadeiras com papel-manteiga. Faça aproximadamente 50 trouxinhas mantendo distância entre elas. Caso formem-se bicos, alise-os um pouco com o dedo. (Caso contrário, eles ficarão escuros rapidamente.)

4. Salpique as trouxinhas com um pouco de sementes de gergelim, papoula ou nigela e um pouco de flor de sal. Leve ao forno uma assadeira por vez na grelha do meio por aproximadamente 18-20 minutos até dourar. Não abra a porta do forno nos primeiros minutos! (Isto fará com que as trouxinhas murchem.) Retire os gougères e deixe esfriando em uma grade para resfriar bolo.

VERRINE DE POIVRONS

VERRINE DE PIMENTÃO

Servido elegantemente em um pequeno copo (do francês, verre*) e coroado com uma saborosíssima cobertura temperada de azeitonas, o creme de pimentão e cream cheese é um mimo para os convidados para o* apéro.

PARA 8 PORÇÕES

Tempo de preparo: aprox. 1h10
Por porção: aprox. 150 kcal

Para o creme de pimentão:
750 g de pimentões vermelhos
2 colheres (sopa) de extrato de tomate
1 dente de alho pequeno
150 g de cream cheese
1 colher (sopa) de suco de limão
Sal marinho
Pimenta-de-caiena

Para a cobertura de azeitona:
30 g de pinoli
2 colheres (sopa) de azeitonas pretas médias sem caroço
1 colher (sopa) de alcaparras em conserva + 1 colher (sopa) da água da conserva
9 ramos pequenos de tomilho
2 colheres (sopa) de azeite de oliva
Sal marinho | Pimenta

Além disso:
1 colher (chá) de óleo para untar

1. Preaqueça o forno a 220°C. Lave os pimentões, corte ao meio e coloque com o lado cortado virado para baixo em uma assadeira untada com óleo. Asse na grelha do meio por 15-20 minutos até a pele ficar preta e formar bolhas. Retire, coloque em um saco plástico para congelar e deixe esfriar.

2. Descasque o pimentão e coloque-o em um copo alto com o extrato de tomate. Acrescente o alho descascado. Triture bem com um mixer. Acrescente o cream cheese e tempere tudo com suco de limão, sal marinho e pimenta. Despeje em copos pequenos, tampe e deixe esfriar na geladeira.

3. Para a cobertura, doure os pinoli em fogo baixo em uma frigideira antiaderente, sem óleo, até começarem a ganhar cor e soltar aroma. Pique fino as azeitonas e as alcaparras. Lave o tomilho e tire aproximadamente 1 colher (chá) das folhas de um ramo. Misture as folhas com os pinoli, as azeitonas, as alcaparras, o azeite e a água da conserva das alcaparras. Tempere tudo com sal marinho e pimenta.

4. Para servir, acrescente a cobertura de azeitonas ao creme de pimentão e cream cheese. Decore o verrine de pimentão com os ramos de tomilho restantes e sirva imediatamente.

NIDS DE TARTIFLETTE

NINHOS DE QUEIJO COM BATATA

Gosto de preparar a mistura de batatas douradas com o queijo forte dos Alpes Savoyer e colocá-la em forminhas – é uma delícia muito saborosa para o inverno! Além disso, os "ninhos" também são muito gostosos sem bacon, o queijo por si só garante um ótimo tempero.

PARA 6 PORÇÕES

Tempo de preparo: aprox. 45 minutos
Tempo de forno: 20-25 minutos
Por porção: aprox. 395 kcal

1 cebola
1 dente de alho
125 g de bacon
600 g de batatas (de preferência cerosa)
2 colheres (sopa) de óleo para fritar
1-2 colheres (chá) de tomilho
100 ml de vinho branco seco ou caldo de carne
Sal marinho | Pimenta
150 g de crème fraîche*
125 g de queijo reblochon

Além disso:
6 forminhas refratárias (de aprox. 150 ml cada)
Manteiga para untar

* Misture 500 ml de creme de leite fresco a 250 ml de iogurte, leve ao fogo baixo só até amornar e deixe coberto por uma noite. Misture novamente e leve à geladeira até a hora de usar.

1. Descasque e corte em cubos pequenos a cebola e o dente de alho. Corte o bacon em cubos pequenos. Descasque as batatas e corte em cubos de aproximadamente 1 cm. Aqueça o óleo em uma frigideira antiaderente e refogue os cubos de bacon e batata, até o bacon ficar crocante.

2. Adicione os cubos de cebola e refogue tudo por mais 5 minutos até as batatas dourarem levemente. Acrescente o tomilho e o alho e regue tudo com o vinho branco ou o caldo de carne. Deixe cozinhar um pouco e tempere com sal marinho e pimenta.

3. Tire a frigideira do fogo. Adicione o crème fraîche à mistura de batatas, mexendo bem. Corte o queijo em cubos pequenos (é imprescindível manter a casca, pois é ela que dá o sabor!) e adicione dois terços dele na mistura.

4. Preaqueça o forno a 200°C. Unte as forminhas, despeje a mistura de batatas e polvilhe com o queijo restante. Asse na grelha de baixo por 20-25 minutos até ficar crocante e marrom-claro. Sirva quente nas forminhas!

MINHA DICA DE ACOMPANHAMENTO

Com uma entrada simples como esta, gosto de comer uma salada refrescante de folhas frescas de endívia, alface-de-cordeiro ou alface-crespa e um vinagrete clássico.

SALADE D'ARTICHAUTS AUX NAVETS

SALADA DE ALCACHOFRA COM NABO

Mesmo sabendo que os leves navets, *os nabos brancos, podem ser encontrados quase durante o ano inteiro, gosto de preparar essa salada principalmente no fim da primavera, quando também encontro as pequenas alcachofras, que, na França, são consumidas cruas picadinhas.*

PARA 4 PORÇÕES

Tempo de preparo: aprox. 45 minutos
Tempo de marinada: aprox. 30 minutos
Por porção: aprox. 260 kcal

500 g de nabos
300 g de cenouras, de preferência finas
6 alcachofras pequenas
5 colheres (sopa) de suco de limão fresco
Sal marinho
1-2 filés de aliche em conserva
2 colheres (sopa) de tapenade (industrializada ou caseira; veja receita na p. 39)
1-2 dentes de alho
6-8 colheres (sopa) de azeite de oliva
Pimenta
½ maço de manjericão (de preferência, de folhas pequenas ou roxas, veja a dica)

MINHA DICA PRÁTICA

No início da primavera, providencie um grande vaso de manjericão de folhas pequenas. O sabor é mais intenso que seu parente de folhas grandes, e ele cresce muito bem em um local ensolarado na varanda ou na sacada.

1. Lave os nabos, descasque e corte em tiras grossas. Lave e descasque as cenouras e, se necessário, corte-as ao meio. Lave as alcachofras cortando o talo com um faca grande aproximadamente 5 cm abaixo da flor. Descasque o talo com uma faca pequena. Retire as folhas duras externas da alcachofra e corte o topo das folhas restantes grosseiramente com uma tesoura de cozinha. Corte as alcachofras em quatro e regue com 1 colher (sopa) de suco de limão.

2. Em uma panela, ferva água com sal. Coloque as cenouras e cozinhe por 2 minutos, em seguida, acrescente os nabos e branqueie por 1-2 minutos, deixando os legumes firmes. Retire com uma escumadeira, coloque em uma peneira, dê um choque térmico e deixe escorrer.

3. Para o vinagrete, lave os filés de aliche em uma peneira pequena, amasse com um garfo e misture com o suco de limão restante e a tapenade. Descasque o alho e esprema na mistura. Acrescente o azeite e tempere o molho com pimenta. Misture os legumes com o molho, cubra com filme plástico e deixe curtir por pelo menos 30 minutos.

4. Antes de servir, tempere a salada e acrescente sal marinho, se necessário. Lave o manjericão, pique um pouco as folhas e salpique por cima.

SALADE DE TOMATES AUX FRUITS

SALADA DE TOMATE COM FRUTAS

Muito fácil e saborosa, ela tem sabor de sul, calor e férias de verão. Mas não deixe de escolher tomates aromáticos e frutas maduras, senão o prazer será bem menor.

PARA 4 PORÇÕES

Tempo de preparo: aprox. 25 minutos
Tempo de marinada: aprox. 20 minutos
Por porção: aprox. 300 kcal

2 colheres (copa) de pinoli
Sal marinho
600 g de tomates aromáticos
2 pêssegos maduros
½ melão Charentais maduro
4 colheres (sopa) de suco de limão fresco
1-2 colheres (chá) de pimenta de Espelette (ou pimenta chili em flocos)
4 colheres (sopa) de azeite de oliva
150 g de queijo de cabra duro (peça redonda) | 3-4 ramos de hortelã
3-4 ramos de manjericão (de preferência, de folhas pequenas ou roxas)

MINHA VARIANTE

A salada também vai bem com tomate seco! Para fazê-los, corte os tomates ao meio, coloque em uma assadeira e regue com 4 colheres (sopa) de azeite de oliva, 2 colheres (chá) de açúcar, ½ colher (chá) de sal marinho e pimenta. Asse por aproximadamente 3 horas a 120 °C até que estejam secos por fora, mas ainda suculentos por dentro.

1. Doure os pinoli em uma frigideira antiaderente, sem óleo, em fogo baixo, salgue levemente e reserve.

2. Lave e seque os tomates e os pêssegos. Corte os tomates em rodelas ou ao meio e os pêssegos em tiras. Tire as sementes do melão, descasque e corte em tiras finas.

3. Arrume os tomates, os pêssegos e o melão em um prato grande. Misture o suco de limão, uma generosa pitada de sal marinho, a pimenta de Espelette e o azeite e regue na salada. Deixe a salada com frutas descansar por aproximadamente 20 minutos.

4. Para servir, corte o queijo de cabra em pedacinhos e distribua na salada. Lave a hortelã e o manjericão, tire e pique as folhas e salpique na salada com os pinoli.

AU MARCHÉ: FAZENDO COMPRAS À MODA FRANCESA

Nosso primeiro "passeio" após uma mudança cansativa foi na feira, para a qual podíamos ir de bicicleta saindo de nossa nova casa. Nem tudo havia sido tirado das caixas ainda, mas, mesmo assim, quisemos desfrutar uma pausa na feira de sábado. Ao vermos as muitas barracas, surpreendemo-nos com a diversidade de mercadorias e a atmosfera agradável.

"É como na França!", gritou nossa filha, maravilhada, expressando exatamente o que todos nós sentíamos. O ensolarado dia de verão também contribuiu bastante para a impressão espontânea e a sensação de felicidade e de férias. Apesar da bagunça de nossa casa nova, aproveitamos a variedade das barracas e os comerciantes amigáveis, e compramos com tanto gosto que mal conseguimos colocar tudo nas bicicletas.

Na França, não perdemos quase nenhuma feira, onde buscamos avidamente por especialidades regionais, experimentamos variados tipos de mel aromáticos e saborosos, beliscamos as suculentas especialidades locais de embutidos e aves dos *producteurs de la ferme* e comemos sem parar *pâté* e *jambon* com uma taça de *vin blanc* (para mim e o monsieur) ou uma Orangina (para nossas meninas). Passar no café da feira é indispensável. Saímos ganhando depois de provar tantas coisas!

Mantivemos o ritual das compras na feira de sábado. Que delícia encontrar em "nossa" feira uma diversidade tão boa! Muitos feirantes orgânicos vendem legumes, frutas e pães. Com o maior vendedor de queijos de Hamburgo consigo tudo de que preciso e mais um pouco. Não me importo em passar mais tempo nas longas filas das barracas. É nelas que, por um lado, fico sabendo de muitas coisas e, por outro, ganho aperitivos com um "a senhora gostaria de experimentar?" e acabo levando para casa muito mais guloseimas do que o previsto.

IGUARIAS DA REGIÃO

Conseguimos comprar maçãs e peras divinas com os agricultores de frutas e verduras da região. Mas experimentar os diversos tipos dessas frutas é parte fundamental da escolha. E maçãs maduras colhidas na região são o extremo oposto das maçãs do supermercado, que são cultivadas para durarem mais, muitas vezes estocadas umas em cima das outras e têm um sabor fraco. Com o florista compro rapidamente um buquê de rosas perfumadas para a mesa de jantar. E as barracas de temperos do mundo inteiro, os vendedores de peixe, carne e aves, e a simpática cafeteria contribuem para que nossa ida à feira de sábado seja mais do que um simples "fazer compras".

MEU PRAZER DE FIM DE SEMANA: FAZER COMPRAS AGRADÁVEIS NA FEIRA SEMANAL!

ASPERGES VERTES AUX COQUILLES SAINT JACQUES

ASPARGOS COM VIEIRAS

As vieiras de sabor suave levemente adocicado são frequentemente vendidas na França com seu corail, *a ova vermelha. Elas são muito bonitas, mas o intenso sabor marítimo (devo confessar) não é muito a minha praia.*

PARA 4 PORÇÕES
Tempo de preparo: aprox. 1 hora
Por porção: aprox. 370 kcal

1 kg de aspargos
250 g de tomates-cereja | 1 limão orgânico
2-3 ramos de estragão
1-2 dentes de alho
12 vieras frescas (soltas e limpas)
6 colheres (sopa) de azeite de oliva
Sal marinho
Pimenta de Espelette (ou pimenta chili em flocos, veja a dica)
150 ml de vinho branco seco
4 colheres (sopa) de pastis (aperitivo de anis; opcional)
1 colher (sopa) de manteiga | Pimenta
Farinha para polvilhar

MINHA DICA DE TEMPERO

Pimentas de Espelette são flocos de chili com aroma levemente adocicado e defumado. São provenientes da região no entorno da pequena Espelette, no país basco francês, e celebradas anualmente no outono durante a Fête du Piment. *Os flocos de chili são encontrados em lojas especializadas na internet.*

1. Lave os aspargos, corte as extremidades e descasque fino a parte inferior do talo. Lave os tomates. Lave o limão com água quente e corte ao meio. Descasque metade e esprema o suco. Corte a outra metade em rodelas finas.

2. Lave e seque o estragão e retire as pontas. Descasque o alho e pique fino. Lave as vieiras com água fria e seque bem.

3. Aqueça 4 colheres (sopa) de azeite de oliva em uma frigideira. Coloque os aspargos e doure por igual por aproximadamente 4 minutos. Adicione o alho, as rodelas de limão e os tomates e deixe dourar por 1-2 minutos até os tomates estourarem. Tempere com sal marinho, pimenta de Espelette e cascas de limão, regue com o vinho branco, o suco de limão e o pastis e tire a frigideira do fogo.

4. Polvilhe um pouco de farinha nas vieiras e bata para retirar o excesso. Aqueça o azeite restante e a manteiga em outra frigideira. Doure as vieiras nesta mistura por aproximadamente 3 minutos em fogo médio, até ficarem levemente douradas (dessa forma, elas ficarão vítreas por dentro, mas cozidas). Tempere com sal e pimenta. Sirva os aspargos ainda quentes com as vieiras e salpique as pontas de estragão por cima.

5
4
3
2

SOUPE AU PISTOU

SOPA DE LEGUMES COM MOLHO PISTOU

Um prato repleto de legumes cobertos por uma concha de molho pistou e um pedaço de baguete para limpar o restinho de sopa – isso é um verdadeiro prazer de verão, sobretudo se as verduras forem colhidas em sua própria horta.

PARA 4 PORÇÕES

Tempo de preparo: aprox. 1h20
Por porção: aprox. 570 kcal

Para o pistou:
1 maço grande de manjericão
2-4 dentes de alho
Sal marinho
80 ml de azeite de oliva

Para a sopa:
3 tomates
1 cebola grande
200 g de vagens
2 maços de aipo
2 cenouras grandes
2 batatas grandes
1 talo fino de alho-poró
1 abobrinha pequena
3 colheres (sopa) de azeite de oliva
aprox. 1,5 litro de caldo de legumes
2-3 ramos de tomilho
2 folhas de louro | Sal marinho
100 g de macarrão pequeno para sopa
240 g de feijão-branco cozido
Pimenta

Além disso:
Queijo duro forte ralado para servir (comté, gruyère ou parmesão; opcional)

1. Para o molho pistou, lave e seque o manjericão e retire as folhas. Descasque o alho e pique grosseiramente. Coloque o manjericão, o alho, uma pitada de sal marinho e o azeite em um copo alto e triture um pouco com o mixer. Reserve o pistou.

2. Para a sopa, corte os tomates em cruz, escalde, deixe esfriar um pouco, descasque, tire as sementes e pique grosseiramente. Descasque a cebola e corte em cubos pequenos.

3. Lave os legumes restantes. Corte as vagens ao meio. Corte os aipos em rodelas. (Pique bem a parte verde e reserve). Descasque e corte em cubos grandes as cenouras e as batatas. Corte o alho-poró em anéis da largura de um dedo e a abobrinha em cubos pequenos.

4. Aqueça o azeite em uma panela grande e refogue os cubos de cebola até ficarem transparentes. Adicione todos os outros legumes, exceto o tomate, e o caldo de legumes. Lave os ramos de tomilho e acrescente junto com as folhas de louro. Ferva tudo por 5 minutos sem tampa.

5. Em outra panela, ferva água com sal e cozinhe o macarrão um pouco menos do que o recomendado pela embalagem, deixando bem al dente. Escorra em uma peneira e dê um choque térmico. Lave e escorra o feijão branco. Adicione o macarrão, o feijão-branco e os tomates à sopa e cozinhe por mais 5 minutos.

6. Prove a sopa e tempere com sal marinho e pimenta. Despeje metade do pistou. Sirva a sopa com o restante do pistou. Se quiser, polvilhe queijo ralado.

SALADE DE LENTILLES

SALADA DE LENTILHA

Apesar de normalmente encontrarmos as lentilhas acompanhadas de salsichas crocantes, minha variante é uma edição fina especial do clássico do bistrô de Lyon – não deixe de provar!

PARA 4 PORÇÕES

Tempo de preparo: aprox. 1h20
Tempo de marinada: no mínimo 1 hora
Por porção: aprox. 590 kcal

Para a salada de lentilha:
1 cebola | 1-2 dentes de alho
8 colheres (sopa) de azeite de oliva
200 g de lentilhas de Puy
1-2 folhas de louro | 2 cenouras grandes
150 g de aipo-rábano
Sal marinho | 6 colheres (sopa) de vinagre balsâmico
1 colher (chá) de mostarda de Dijon
1 colher (chá) de sementes de mostarda
½ maço de salsa
3-4 ramos de tomilho | Pimenta

Para o pato:
2 filés pequenos de peito de pato de aprox. 250 g cada
1 punhado de serragem para defumação (faia ou carvalho; veja a dica)
Sal marinho | Pimenta
Vinagre balsâmico para servir

Além disso:
Assadeira com tampa e grelha
Papel-manteiga

MINHA DICA PRÁTICA

Você pode comprar serragem para defumar em açougues ou lojas especializadas. Vale uma busca na internet.

1. Para a salada de lentilha, descasque e pique em cubos pequenos a cebola e o alho. Aqueça 2 colheres (sopa) de azeite e refogue a cebola e o alho por 2 minutos. Adicione as lentilhas, 750 ml de água e as folhas de louro e aqueça. Ferva as lentilhas em fogo baixo por aproximadamente 20 minutos, evitando que fiquem muito moles. Escorra as lentilhas em uma peneira.

2. Enquanto isso, lave, descasque e pique fino as cenouras e o aipo. Escalde em água fervente com sal por 1 minuto. Escorra em uma peneira, dê um choque térmico e deixe escorrer. Misture com as lentilhas em uma tigela. Misture o vinagre balsâmico, os dois tipos de mostarda e o azeite restante. Lave as ervas, retire as folhas, pique grosseiramente e misture as lentilhas com o vinagrete. Tempere tudo com sal marinho e pimenta e deixe descansar por no mínimo 1 hora.

3. Seque os filés de peito de pato e corte a pele em losangos. Cubra o fundo de uma assadeira com tampa com papel-alumínio e coloque a serragem para defumação. Cubra a grelha com papel-alumínio e coloque na assadeira. Tampe. Aqueça a assadeira com tampa no fogão em fogo alto até que o cheiro da serragem para defumação fique forte (abra a janela da cozinha!). Leve a panela fechada para um ambiente aberto, destampe, coloque os filés de peito de pato na grelha e tampe de novo rapidamente. Defume os peitos de pato por aproximadamente 15 minutos.

4. Enquanto isso, preaqueça o forno a 180°C. Cubra uma assadeira com papel-manteiga. Coloque os peitos de pato e tempere com sal marinho e pimenta. Asse na grelha do meio por aproximadamente 12 minutos. Para verificar se a carne está assada, faça o teste do polegar: ao apertar com o dedo, o meio deve ceder, mas as extremidades devem estar mais firmes. Retire a carne, embrulhe em papel-alumínio e deixe descansar por 5 minutos. Em seguida, corte em fatias finas e sirva com a salada de lentilha e algumas gotas de vinagre balsâmico antigo.

TARTE TATIN AUX POIVRONS

TARTE TATIN DE PIMENTÃO

Depois de ter feito uma tarte tatin de tomate, improvisei uma de pimentão com o que sobrou da massa – para alegria de nossas filhas pequenas, que até hoje só aceitam tomates em sopas e molhos.

PARA 1 FÔRMA DE TORTA COM FUNDO FIXO (26 CM DE DIÂMETRO)

Tempo de preparo: aprox. 55 minutos
Tempo de forno: aprox. 35 minutos
Por pedaço: aprox. 275 kcal
Rende 8 pedaços

Para a massa podre:
200 g de farinha de trigo
100 g de manteiga gelada | Sal marinho

Para a cobertura:
700 g de pimentões vermelhos
4 colheres (sopa) de azeite de oliva
Sal marinho | Pimenta
1-2 dentes de alho
3 colheres (sopa) de vinagre balsâmico
2 colheres (sopa) de mel silvestre
1 colher (sopa) de alecrim
1 colher (chá) de alcaparras em conserva
2 colheres (sopa) de azeitonas pretas

Além disso:
Farinha para trabalhar

1. Para a massa podre, sove vigorosamente a farinha de trigo, a manteiga gelada em flocos, ½ colher (chá) de sal marinho e 2-3 colheres (sopa) de água gelada até obter uma bola de massa uniforme. Embrulhe em filme plástico e leve à geladeira por 30 minutos.

2. Enquanto isso, lave os pimentões e corte uma "tampa" para tirar as sementes e o miolo. Corte em anéis de quase 1 cm de largura.

3. Aqueça o azeite em uma frigideira. Refoge os anéis de pimentão por aproximadamente 5 minutos e tempere com sal marinho e pimenta. Descasque o alho, corte em rodelas e adicione ao pimentão. Regue tudo com vinagre balsâmico e acrescente o mel. Caramelize brevemente os anéis de pimentão e coloque-os na fôrma de torta de maneira homogênea e decorativa.

4. Pique o alecrim. Se for usar as alcaparras, lave em uma peneira e distribua nos anéis de pimentão com o alecrim e as azeitonas.

5. Preaqueça o forno a 200°C. Abra a massa com um pouco de farinha no tamanho da fôrma e coloque sobre os pimentões, dobrando as bordas. Fure a massa diversas vezes com um garfo. Asse na grelha do meio por aproximadamente 35 minutos até a massa dourar. Retire do forno, coloque um prato de bolo em cima da fôrma de torta e desenforme a tarte tatin (cuidado, pode escorrer um suco quente!). Sirva quente.

MINHA DICA PRÁTICA

Se estiver com pressa, esta torta pode ser preparada também com massa folhada congelada.

TERRINE D'AGNEAU

TERRINE DE CORDEIRO

Já preparo esta terrine há muitos anos, sempre mudando uma coisa ou outra. Adoro a variante a seguir, especialmente devido ao toque norte-africano – pistache, Ras el Hanout e frutas secas são determinantes!

PARA 1 FÔRMA DE TERRINE (DE 1,5 LITRO)

Tempo de preparo: aprox. 1 hora
Tempo de cozimento: aprox. 1h15
Tempo de resfriamento: aprox. 12 horas
Por fatia: aprox. 245 kcal
Rende 20 fatias

200 g de chalotas
2-3 dentes de alho
1 colher (sopa) de azeite de oliva
1 pimentão vermelho
100 g de figos secos
100 g de damascos secos
100 g de toucinho cortado em tiras finas
1 colher (sopa) de tomilho fresco
50 g de sementes de pistache sem sal
700 g de carne moída de cordeiro
2 ovos médios
100 g de azeitonas pretas sem caroço
Sal marinho | Pimenta
2 colheres (chá) de Ras el Hanout
Aprox. 200 g de bacon cortado em tiras finas
1 ramo pequeno de louro (ou 3-4 ramos de tomilho)

1. Descasque e corte em cubos pequenos as chalotas e o alho. Aqueça o azeite. Refogue as chalotas e o alho em fogo baixo por 2-3 minutos e reserve. Lave o pimentão, corte ao meio, retire as sementes e corte em cubos pequenos. Pique fino os figos e os damascos. Pique bem fino o toucinho.

2. Em uma tigela, misture bem com as mãos os ingredientes preparados com o tomilho, o pistache, a carne moída de cordeiro, os ovos e as azeitonas. Tempere a massa (recheio) com 1 ½ colher (chá) de sal marinho, pimenta e Ras el Hanout.

3. Preaqueça o forno a 160°C. Forre a fôrma de terrine com papel-alumínio, deixando bastante sobra nas laterais. Coloque as tiras de bacon sobrepondo-as e deixando sobrar nas extremidades. Despeje o recheio de cordeiro pressionando bem na fôrma e dobre as tiras de bacon sobre ele. Dobre o papel-alumínio para dentro e cubra bem a fôrma com uma tampa ou papel-alumínio.

4. Coloque a fôrma de terrine em uma assadeira grande cheia de água quente até quase a borda. Asse a terrine de cordeiro na grelha do meio por aproximadamente 1h15. Retire a fôrma do banho-maria, deixe esfriar por aproximadamente 1 hora e leve à geladeira de um dia para o outro.

5. No dia seguinte, desenforme a terrine com o auxílio do papel-alumínio e coloque em uma tábua. Retire o papel-alumínio e corte a terrine em fatias com uma faca afiada. Sirva decorado com o ramo de louro ou ramos de tomilho. A terrine de cordeiro conserva-se na geladeira por pelo menos 4 dias.

SALADE NIÇOISE AU THON

SALADA NIÇOISE COM ATUM

Como uma não francesa, não quero entrar na questão sobre a salade niçoise "original", se pode ou não levar batatas. Pessoalmente, amo esta salada com batatas – será que é consequência dos muitos anos no norte da Alemanha?

PARA 4 PORÇÕES

Tempo de preparo: aprox. 1 hora
Por porção: aprox. 620 kcal

Para a salada:
4 batatas médias cerosas (de preferência, batatas novas de casca fina)
Sal marinho
200 g de vagens
3 ovos médios
½ alface-romana ou crespa
100 g de tomates-cereja
1 chalota
4-6 filés de aliche em conserva
3-4 ramos de manjericão (de preferência, de folhas pequenas)
50 g de azeitonas pretas pequenas
2 colheres (sopa) de azeite de oliva
2 filés de atum de aprox. 200 g cada
Pimenta

Para o vinagrete:
1-2 dentes de alho
2 colheres (sopa) de vinagre de vinho tinto
1 colher (sopa) de suco de limão fresco
1 colher (chá) de sementes de mostarda
½ colher (chá) de mostarda de Dijon
Sal marinho | Pimenta
Aprox. 8 colheres (sopa) de azeite de oliva

1. Lave bem as batatas e ferva em água com sal por 15-20 minutos sem deixar amolecer demais. Escorra e deixe esfriar. Lave a vagem e ferva em água com sal por aproximadamente 8 minutos e dê um choque térmico. Cozinhe os ovos por aproximadamente 10 minutos até ficarem duros, dê um choque térmico e descasque.

2. Lave e seque a alface. Lave os tomates-cereja e corte ao meio. Descasque a chalota e corte em anéis finos.

3. Para o vinagrete, descasque o alho. Misture o vinagre, o suco de limão, os dois tipos de mostarda, uma pitada generosa de sal marinho e a pimenta, esprema o alho. Regue com o azeite em fio fino até obter um molho cremoso.

4. Para a salada, corte as batatas um pouco menores e os ovos em pedaços grandes. Enxágue o aliche em uma peneira pequena, escorra e corte em pedaços pequenos. Lave o manjericão e tire as folhas.

5. Pique um pouco a alface e sirva com batata, ovo, vagem, tomate, aliche, anéis de chalota e azeitonas. Regue com o molho e salpique com o manjericão.

6. Em uma frigideira, aqueça o azeite. Lave o atum com água fria, seque e refogue por aproximadamente 1 minuto de cada lado, até ficar dourado por fora e suculento por dentro. (Caso prefira mais grelhado, doure por mais 1-2 minutos.) Tempere o atum com sal marinho e pimenta e tire da frigideira. Corte o atum ao meio e sirva com a salada.

MA SOUPE DE POISSON: MINHA SOPA DE PEIXE

"Só uma sopa de peixe" é o que queríamos oferecer a nossos convidados alguns anos atrás em meu aniversário. Não havíamos planejado uma comida complicada, nada demais. As crianças eram pequenas, o tempo era curto, e nada ia contra uma grande panela de sopa de peixe quentinha – o principal era reunir novamente muitos amigos queridos à mesa.

Com uma vaga ideia de como queríamos a sopa de peixe, fomos para a Großen Elbstraße. É nesta rua próxima ao porto que se encontram todos os importadores e comerciantes de peixe de Hamburgo, sendo, portanto, a melhor opção para conseguir um peixe fresco do Mediterrâneo. Após bater um papo com o peixeiro, saímos da loja carregados de sacolas pesadas, no caminho ainda compramos açafrão, diversos legumes e vinho, e voltamos para casa. Tiramos a enorme panela do porão e – quem iria imaginar? – mesmo nela não couberam as grandes carcaças, cabeças e pedaços de peixe. O cozimento teve que ser feito em várias etapas, o que resultou em um tempo muito maior que o esperado.

SOPA COM OBSTÁCULOS

Toda a situação com a sopa foi muito mais difícil do que imaginávamos: e isso porque as carcaças e outras partes do peixe não se tornaram significativamente menores depois de cozidas. Dessa forma, esta etapa do preparo também foi feita em vários turnos

No entanto, a decepção foi grande quando, após o demorado processo, sobrou apenas uma pequena quantidade de sopa na panela – muito pouco para receber tantos convidados. O aroma também não era aquele que tínhamos nas lembranças das férias francesas: sopa muito aguada, sabor muito fraco. Em compensação, a casa inteira ganhou um intensivo perfume de peixe… Aumentamos a quantidade da sopa com vinho, caldo de peixe e água, sempre temperando depois, experimentando até ficarmos mais ou menos satisfeitos. Não, não foi nenhuma "sopinha rápida" e também não lembrava muito uma sopa forte de peixe do Mediterrâneo, mas, com uma colher de um espesso molho rouille, uma baguete crocante e uma tacinha de vinho, ela satisfez a nós e nossos convidados.

Hoje, ao preparar esta sopa, primeiro pesco os restos de peixe da panela de sopa e deixo-os escorrer bem. Passo o restante da sopa no moinho de alimentos, como é carinhosamente chamado o triturador de alimentos, desde que temos filhos. É assim que conseguimos "engrossar", o que é uma vantagem para o sabor, mas, principalmente, também para a consistência da sopa – foi assim que os tempos de sopa de peixe rala ficaram para trás. Gosto de servir a sopa para os convidados com filé de peixe grelhado, de preferência peixes mediterrâneos como salmonete, cabrinha, peixe-galo ou tamboril.

COMIDA NADA RÁPIDA, MAS COM AROMA DE SATISFAÇÃO DO MEDITERRÂNEO!

MA SOUPE DE POISSON

MINHA SOPA DE PEIXE

Quase todo vilarejo bretão ou da costa do Mediterrâneo tem sua própria receita de sopa de peixe. Minha versão recebe uma nítida influência do sul da França graças ao uso de ervas aromáticas, temperos e pastis.

PARA 6 PORÇÕES

Tempo de preparo: aprox. 2 horas
Por porção: aprox. 430 kcal

Para a sopa de peixe:
2 cebolas | 2-3 dentes de alho
1 bulbo de erva-doce
1 talo fino de alho-poró
1 cenoura grande | 200 g de batatas
3 colheres (sopa) de azeite de oliva
½ maço de tomilho | 3 folhas de louro
2 colheres (chá) de sementes de erva-doce
¼ de colher (chá) de fios de açafrão
50 ml de pastis (aperitivo de anis)
250 ml de vinho branco seco
2 kg de carcaças e pedaços de peixe
1 lata de tomates pelados cortados em pedaços (400 g)
Sal marinho | 2 colheres (chá) de páprica
1-2 colheres (sopa) de suco de limão
1-2 colheres (chá) de pimenta de Espelette (pode ser substituída por pimenta chili em flocos)

Para o rouille:
2 fatias de pão de fôrma tostado
1-2 dentes de alho | ½-1 colher (chá) de pimenta de Espelette (pode ser substituída por pimenta chili em flocos)
Sal marinho | 125 ml de azeite de oliva

Para servir:
2-3 colheres (sopa) de manteiga
12 fatias finas de baguete

1. Descasque e pique grosseiramente as cebolas e o alho. Lave, descasque, se necessário, e pique em pedaços pequenos a erva-doce, o alho-poró, a cenoura e as batatas. Aqueça o azeite de oliva em uma panela bem grande (de aproximadamente 7 litros). Refogue a cebola, o alho e os legumes picados por 5 minutos em fogo médio. Lave o tomilho e adicione à panela junto com as folhas de louro, as sementes de erva-doce e os fios de açafrão, refogando um pouco. Regue tudo com pastis e adicione o vinho branco. Adicione as carcaças e os pedaços de peixe. Coloque o tomate em pedaços, 2,5 litros de água e ½ colher (chá) de sal marinho, cozinhando tudo em fogo baixo por aproximadamente 1 hora sem tampa.

2. Enquanto isso, para o rouille, descasque o pão de fôrma, pique em pedaços pequenos e amoleça tampado com 6 colheres (sopa) de caldo de peixe (retirado da sopa de peixe). Descasque o alho e triture fino no almofariz com a pimenta de Espelette e ½ colher (chá) de sal marinho. Coloque esta mistura em um copo alto com o pão amolecido. Triture tudo com o mixer, adicionando o azeite primeiro em gotas, depois em fio, de modo a obter uma maionese espessa. Leve o rouille à geladeira coberto com um filme plástico.

3. Passe a sopa de peixe para outra panela em uma peneira grossa, pressionando bem a sobra com a parte de trás de uma colher. Ferva a sopa sem tampa por 10-20 minutos até obter a consistência desejada. Tempere com sal marinho, páprica, suco de limão e pimenta de Espelette.

4. Para servir, derreta a manteiga em uma frigideira antiaderente. Doure brevemente as fatias de baguete dos dois lados. Aqueça a sopa, adicione 2 colheres (sopa) de rouille, mexendo vigorosamente. Sirva a sopa em pratos e salpique pimenta de Espelette. Passe um pouco de rouille nas fatias de baguete e sirva com o restante de molho.

TARTE AUX TOMATES CERISES

TORTA DE TOMATE-CEREJA

A massa crocante vem debaixo dos suculentos tomates com a tríade provençal intensa de alho, alcaparras e anchois, os filés de aliche marinados e maturados – esta torta é uma ótima entrada para uma refeição de verão ao ar livre...

PARA 1 FÔRMA DE TORTA (26 CM DE DIÂMETRO)

Tempo de preparo: aprox. 1 hora
Tempo de forno: aprox. 40 minutos
Por pedaço: aprox. 360 kcal
Rende 8 pedaços

Para a massa podre:
250 g de farinha de trigo
Sal marinho | 120 g de manteiga gelada
25 g de parmesão ralado fino
1 ovo médio

Para a cobertura:
1-2 dentes de alho
1 colher (sopa) de alcaparras em conserva
2-3 filés de aliche em conserva
180 g de tomate seco
2 colheres (sopa) de alecrim
Pimenta
Aprox. 600 g de tomates-cereja
Sal marinho

Além disso:
Óleo para untar
Farinha para trabalhar
Papel-manteiga e feijões crus para pré-assar

1. Para a massa, misture a farinha e ½ colher (chá) de sal marinho na superfície de trabalho. Acrescente a manteiga gelada em flocos e forme granulados finos com as pontas dos dedos. Adicione o parmesão, o ovo e 2 colheres (sopa) de água gelada e sove tudo vigorosamente até obter uma bola de massa uniforme. Embrulhe a massa podre em filme plástico e leve à geladeira por 30 minutos.

2. Enquanto isso, descasque e pique grosseiramente o alho para o patê de tomate. Enxágue e escorra as alcaparras e os filés de aliche em uma peneira. Escorra o tomate seco e recolha 2 colheres (sopa) do óleo.

3. Coloque o tomate seco, o alho, 1 colher (sopa) de alecrim, as alcaparras e os filés de aliche em um copo alto e triture com o mixer. Tempere o patê com pimenta. Lave os tomates-cereja.

4. Preaqueça o forno a 200°C. Unte a fôrma de torta. Abra a massa em um pouco de farinha, coloque na fôrma e forme uma pequena borda. Fure o fundo da massa diversas vezes com um garfo. Cubra com papel-manteiga e os feijões. Pré-asse na grelha do meio por 15 minutos. Retire a fôrma do forno, descarte o papel-manteiga e os feijões.

5. Passe o patê de tomate no fundo da massa e distribua os tomates, deixando pouco espaço. Tempere com sal marinho e pimenta e regue com o óleo retirado do tomate seco. Salpique o alecrim restante e asse na grelha do meio por mais 20-25 minutos. Tire e sirva quente ou morno.

SALADE D'ENDIVES AU LARD

SALADA DE ENDÍVIA COM BACON

Nozes, bacon e queijo fazem da salada quase um pequeno prato principal. Você gosta de frutas? Figos cortados, tiras de pera ou maçã, ou uvas cortadas ao meio também combinam!

PARA 4 PORÇÕES

Tempo de preparo: aprox. 20 minutos
Por porção: aprox. 575 kcal

½ pé de endívia
1-2 dentes de alho
3 colheres (sopa) de vinagre de jerez
1 colher (chá) cheia de mostarda de Dijon
1 colher (chá) de mel
Sal marinho | Pimenta
3 colheres (sopa) de óleo de avelã
3-4 colheres (sopa) de azeite de oliva
2-3 fatias de baguete amanhecida
100 g de bacon cortado em tiras
1 colher (sopa) de azeite de oliva
75 g de nozes
100 g de roquefort ou outro queijo azul

1. Lave e seque a endívia. Descasque o alho para o vinagrete. Misture o vinagre de jerez com a mostarda, o mel, o alho amassado, uma generosa pitada de sal marinho e bastante pimenta. Regue em fio fino com o óleo de avelã e um azeite de oliva de boa qualidade até obter um molho de salada cremoso.

2. Quebre a baguete em pedaços pequenos e corte o bacon em tiras. Em uma frigideira, aqueça o azeite. Coloque as tiras de bacon e salteie rapidamente em fogo médio-alto até ficar crocante. Retire o bacon, mas não limpe a frigideira.

3. Pique grosseiramente as nozes. Doure os pedaços de pão e as nozes no restante do azeite.

4. Pique fino com as mãos a endívia, misture com o vinagrete e distribua no prato. Adicione o pão, as nozes e o bacon. Polvilhe com queijo. Sirva a salada imediatamente.

SOUPE À L'OIGNON GRATINÉE

SOPA DE CEBOLA GRATINADA

Um clássico do bistrô por excelência! Às vezes sirvo essa sopa com algumas variações, seja preparada com cebola roxa, alho-poró ou bacon ou gratinada com queijo de cabra – porém, considero a original insuperável.

PARA 4 PORÇÕES

Tempo de preparo: aprox. 55 minutos
Por porção: aprox. 730 kcal

1 kg de cebolas
60 g de manteiga
2 colheres (sopa) de óleo
2 colheres (sopa) de farinha
125 ml de vinho branco seco
1,25 litro de caldo de carne
1 folha de louro
2 colheres (chá) de tomilho
Sal marinho
Pimenta-de-caiena
Noz-moscada moída na hora
8-12 fatias de baguete
150 g de gruyère ou queijo da montanha

1. Descasque as cebolas, corte ao meio e depois em tiras finas. Aqueça a manteiga e o óleo em uma panela grande. Adicione a cebola e doure lentamente em fogo baixo por 15-20 minutos até ficarem douradas e macias.

2. Preaqueça o forno a 250°C. Polvilhe as cebolas com farinha, mexa e dissolva com vinho branco. Adicione o caldo de carne, a folha de louro e o tomilho. Ferva tudo por aproximadamente 10 minutos em fogo médio sem tampa. Tempere bem a sopa com sal marinho, pimenta-de-caiena e noz-moscada e tire a folha de louro.

3. Toste as fatias de pão dos dois lados na grelha de cima do forno por 1-2 minutos. Rale o queijo grosseiramente.

4. Divida a sopa em quatro recipientes refratários e cubra com as fatias de pão. Polvilhe o queijo. Gratine na grelha do meio por aproximadamente 2 minutos e sirva em seguida.

TERRINE PROVENÇALE AUX AUBERGINES

TERRINE PROVENÇAL DE BERINJELA

No ápice do verão, esta entrada requintada é deliciosa com os legumes da horta cultivada a céu aberto. Gosto de servir com azeitonas perfumadas e uma baguete crocante. Um jarro de rosé gelado também não pode faltar – c'est délicieux!

PARA 1 FÔRMA DE TERRINE (DE 1,5 LITRO)

Tempo de preparo: aprox. 1h30
Tempo de resfriamento: aprox. 12 horas
Por pedaço: aprox. 155 kcal
Rende 8 pedaços

1 kg de pimentões vermelhos e amarelos
500 g de abobrinhas
1 kg de berinjelas
Aprox. 6 colheres (sopa) de azeite de oliva
Sal marinho | Pimenta
Aprox. ½ maço de manjericão
1 dente de alho
3 colheres (sopa) de pesto vermelho
2 colheres (sopa) de tomilho

Além disso:
Papel-manteiga

MINHA DICA PRÁTICA

O ideal é cortar cuidadosamente a terrine em fatias com uma faca elétrica ou serrilhada fina.

1. Preaqueça o forno a 200°C no modo de convecção. Cubra duas assadeiras com papel-manteiga. Lave os legumes. Corte os pimentões ao meio e coloque em uma assadeira com o lado cortado para baixo. Corte a abobrinha e a berinjela com um processador de alimentos ou com a mão em rodelas de no máximo 5 mm. Coloque um pouco das rodelas na outra assadeira, pincele de leve com azeite de oliva e tempere com sal marinho e pimenta.

2. Coloque a assadeira com os pimentões na grelha de cima do forno e a outra na de baixo. Asse os legumes por 15-20 minutos até que a pele dos pimentões fique preta e com bolhas. Retire a assadeira do forno, coloque os pimentões em um saco para congelar e espere esfriar. Quando as rodelas de legumes da outra assadeira estiverem assadas e levemente douradas, retire-as do papel-manteiga. Continue colocando as rodelas de legumes nas duas assadeiras, pincele com azeite, tempere e asse sucessivamente, até terminar.

3. Descasque os pimentões. Lave o manjericão e pique bem as folhas. Descasque o alho, pique bem e misture no pesto. Forre a fôrma de terrine com filme plástico grosso, deixando sobrar dos dois lados.

4. Primeiro coloque grandes rodelas de berinjela na diagonal, de forma a sobrepô-las dos dois lados. Em seguida, coloque todas as rodelas de verduras alternadamente, temperando as camadas com pesto vermelho, tomilho e manjericão. Dobre as rodelas de berinjela sobressalentes com o filme plástico sobre as verduras, coloque um peso sobre a terrine (uma garrafa de leite, por exemplo) e deixe na geladeira durante a noite.

5. No dia seguinte, desenforme a terrine com o auxílio do filme plástico, corte em fatias e sirva.

TARTELETTES AU FROMAGE DE CHÈVRE

TARTELETES DE QUEIJO DE CABRA

A massa fica bastante amendoada graças à farinha de espelta e bem macia por conta do vinagre. Sempre faço a conserva agridoce de figos e chalota em grande quantidade, pois também vai muito bem com queijo e presunto!

PARA 6 UNIDADES

Tempo de preparo: aprox. 1h30
Tempo de forno: aprox. 30 minutos
Por unidade: aprox. 650 kcal

Para as tarteletes:
150 g de farinha de espelta
100 g de farinha de espelta integral
Sal marinho | Pimenta
125 g de manteiga gelada
3 ovos médios
1 colher (sopa) de vinagre
250 g de queijo de cabra duro (peça redonda)
½ colher (sopa) de alecrim
200 g de crème fraîche (ver nota na p. 44)

Para a conserva de figo e chalota:
250 g de chalotas
1 colher (sopa) de açúcar mascavo
100 ml de licor de cassis
100 ml de vinho tinto seco
3 colheres (sopa) de vinagre balsâmico
2 folhas de louro | 1 pau de canela
3 figos maduros
Sal marinho | Pimenta

Além disso:
6 forminhas de tartelete (12 cm de diâmetro)
Manteiga para untar
Farinha para trabalhar

1. Misture os dois tipos de farinha e ½ colher (chá) de sal marinho na superfície de trabalho. Esfarele a manteiga gelada em flocos pequenos e forme granulados finos com as pontas dos dedos. Adicione um ovo, o vinagre e 1 colher (sopa) de água fria e sove tudo vigorosamente para obter uma bola de massa uniforme. Embrulhe a massa em filme plástico e leve à geladeira por 30 minutos.

2. Enquanto isso, para a cobertura, corte o queijo de cabra em seis rodelas grossas iguais. Pique fino o alecrim. Misture os outros dois ovos e o crème fraîche e tempere com um pouco de sal marinho e pimenta. Preaqueça o forno a 200°C. Unte as forminhas. Abra a massa em um pouco de farinha até ficar fina e cubra as forminhas com ela, deixando uma borda. Coloque uma rodela de queijo de cabra em cada forminha e regue com a mistura de ovo. Salpique com alecrim. Asse as tarteletes na grelha do meio por 25-30 minutos até dourar.

3. Para a conserva, descasque as chalotas e corte em tiras. Derreta o açúcar mascavo em fogo baixo-médio até dourar. Adicione as chalotas e, em seguida, o cassis, o vinho e o vinagre balsâmico. Coloque as folhas de louro e o pau de canela, ferva tudo e mantenha em fogo baixo por aproximadamente 10 minutos até as chalotas ficarem quase macias.

4. Lave os figos e corte em tiras. Adicione às chalotas e doure sem tampa por 2-3 minutos, até que as chalotas e os figos estejam macios e o suco levemente espesso. Tempere a conserva com sal marinho e pimenta e deixe esfriar um pouco. Tire o louro e a canela.

5. Retire as forminhas do forno, desenforme as tarteletes de queijo de cabra e sirva com a conserva.

SOUPE À L'AIL, HUILE AUX HERBES

SOPA CREME DE ALHO COM AZEITE DE ERVAS

Uma agradável colherada desta sopinha cremosa e saborosa me leva imediatamente ao iluminado sul da França – eu sou uma legítima filha da cuisine du soleil.

PARA 6 PORÇÕES

Tempo de preparo: aprox. 40 minutos
Por porção: aprox. 315 kcal

Para a sopa:
1 cabeça grande de alho
2-3 ramos de tomilho
1,3 litro de caldo de legumes
1 cravo-da-índia
2 folhas de louro
800 g de batatas farinhentas
Sal marinho | Pimenta
100 g de crème fraîche (ver nota na p. 44)
Noz-moscada moída na hora

Para o azeite de ervas:
½ maço de salsa
1 ramo de tomilho
100 ml de azeite de oliva
Sal marinho

1. Descasque e pique o alho grosseiramente. Lave o tomilho. Ferva o caldo de legumes. Adicione o alho, o tomilho, o cravo-da-índia e o louro e cozinhe tampado por aproximadamente 5 minutos.

2. Enquanto isso, descasque as batatas e corte em cubos grandes. Tire o cravo-da-índia e o louro da sopa e adicione as batatas com um pouco de sal marinho. Cozinhe tudo por mais 15 minutos até as batatas amolecerem.

3. Em seguida, triture tudo com o mixer. Se tiver evaporado muito líquido, adicione um pouco de caldo de legumes ou água. Bata o crème fraîche e tempere a sopa com sal marinho, pimenta e noz-moscada.

4. Para o azeite de ervas, lave a salsa e o tomilho e retire as folhas. Coloque em um copo alto com o azeite e uma pitada de sal marinho e triture com o mixer.

5. Antes de servir, aqueça a sopa novamente e coloque o crème fraîche. Espume a sopa com o mixer e coloque em pratos fundos. Regue com um pouco de azeite de ervas e sirva. O azeite de ervas que sobrar pode ser guardado na geladeira por 3-4 dias.

MINHA VARIANTE

Na época de cogumelos, deixo o azeite de ervas de lado e sirvo esta sopa com cogumelos boletos grelhados e algumas gotas de óleo de trufa sem aroma artificial!

TABOULÉ AU FENOUIL

SALADA DE CUSCUZ COM ERVA-DOCE

Comi meu primeiro cuscuz há muitos anos com minha família de intercâmbio. Desde então, não deixamos faltar em nenhuma fête, *e sempre surgem novas variações. A combinação com erva-doce crocante é uma das minhas preferidas.*

PARA 6 PORÇÕES

Tempo de preparo: aprox. 35 minutos
Tempo de marinada: no mínimo 4 horas
Por porção: aprox. 275 kcal

250 g de cuscuz marroquino
6 colheres (sopa) de azeite de oliva
Sal marinho
100 ml de suco de laranja
1 bulbo pequeno de erva-doce
500 g de tomates
½ pepino orgânico
1 cebola roxa grande
2 cebolinhas
1 maço grande de hortelã
1 maço de salsa
2 limões orgânicos
2 colheres (chá) de sementes de erva-doce
2 colheres (sopa) de uvas-passas
Pimenta

1. Em uma tigela, coloque o cuscuz com 2 colheres (sopa) do azeite e ½ colher (chá) de sal marinho. Adicione 150 ml de água fria e o suco de laranja, mexa e reserve.

2. Enquanto isso, lave a erva-doce e corte ao meio, tirando o talo. Corte a erva-doce em pequenas rodelas. Lave e pique os tomates e o pepino em cubos pequenos.

3. Descasque e pique a cebola em cubos pequenos, lave e corte a cebolinha em rolinhos. Lave a hortelã e a salsa, tire as folhas e pique grosseiramente. Lave o limão com água quente, descasque e esprema o suco. Triture grosseiramente as sementes de erva-doce no almofariz.

4. Adicione todos os ingredientes preparados e as uvas-passas ao cuscuz, mexa e deixe descansar por no mínimo 4 horas, de preferência da noite para o dia, em um local fresco. Prove novamente o taboulé antes de servir e tempere com sal marinho e pimenta, se necessário.

MINHA DICA DE DECORAÇÃO

O taboulé *também fica chique em pequenos copos. Neste caso, coloque uma cobertura elegante, por exemplo, um camarão grelhado, uma fatia de salmão defumado, presunto cru ou uma torradinha crocante.*

À LA RECHERCHE DU BON PAIN: MEU PÃO PREFERIDO

Será que você se parece comigo? Acho que encontrar um bom pão é tudo, menos fácil. Mesmo em uma cidade grande como Hamburgo, onde a quantidade de padarias é gigantesca. Isso porque, olhando de perto, as supostas padarias locais frequentemente mostram-se ramificações de grandes redes. Sem falar daquelas que assam produtos congelados!

Mas o que considero um bom pão? Em primeiro lugar, o pão que tenha sabor. E precisa ser cheiroso! A casca deve quebrar com a mordida; o interior, o miolo macio, deve estar úmido e aerado – e não se tornar seco e quebradiço após alguns dias. Com estas minhas exigências, não me resta alternativa além de assar meu próprio pão. Quero logo acrescentar, porém, que é uma verdadeira obra de arte. De forma que eu mesma, que conheço alguma coisa na cozinha, sempre preciso me renovar a respeito do tema. Não é um feito realizado em um único fim de semana, não. Assar um bom pão exige muito tempo, experiência e uma grande dose de paixão. E, por isso, nas próximas páginas você não encontrará uma receita de um complicado pão de massa lêveda que deva ser preparado por diversos dias e etapas. Você encontrará um pão que pode ser feito sem complicações por alguém destreinado, basta um pouco de tempo e um bom planejamento. E é gostoso!

SIMPLESMENTE DELICIOSO: PÃO QUENTINHO SAÍDO DO FORNO!

Certamente você lidará com o pão recém-assado como eu: mal parou de sair fumaça, corto um bom pedaço e desfruto do pão quentinho puro ou com um pouco de manteiga com sal. Simplesmente delicioso! É claro que ajo da mesma forma em meu país preferido. Mal a porta da *boulangerie* fecha atrás de mim, já parto o primeiro pedaço da minha baguete e coloco na boca um tanto de pão, no melhor dos casos, ainda quente. Mas, apesar de a baguete ser o pão mais conhecido da cultura francesa, há muito mais para se descobrir! Um exemplo é o *pain de campagne*, o crocante pão de campanha com casca grossa e miolo elástico, como mostrarei na página a seguir. O meu leva pré-massa de fermento, mas muitas vezes também é preparado com massa lêveda. Isso é uma coisa que os *boulangers* franceses sabem fazer bem: pão de massa lêveda! Não é preciso viajar para Paris para conseguir um naco do famoso *pain poilâne*, basta parar nas padarias francesas e pedir um pão com o ingrediente *au levain*, com massa lêveda, que você receberá um pão rústico com miolo cheiroso. É a melhor base para as gostosas *tartines*, pães cobertos à *la française*.

NADA SUPERA UM PÃO TRADICIONAL!

MON PAIN DE CAMPAGNE

MEU PÃO DE CAMPANHA

Assar um bom pão realmente não é tarefa para impacientes, mas o esforço vale a pena: a casca quebra-se com a mordida, o miolo é úmido e cheiroso. Enquanto outros praticam ioga, eu asso um saboroso pão para relaxar!

PARA 1 PÃO GRANDE

Tempo de preparo: aprox. 50 minutos
Tempo de descanso: ao todo 14-20 horas
Tempo de forno: aprox. 40 minutos
Por fatia: aprox. 210 kcal
Rende 16 fatias

Para a pré-massa:
100 g de farinha de trigo integral
200 g de farinha de trigo
5 g de fermento biológico
5 g de sal marinho

Para a massa principal:
15 g de fermento biológico
700 g de farinha de trigo
15 g de sal marinho

Além disso:
Raspador de massa pequeno
Farinha para trabalhar
Papel-manteiga

1. No dia anterior, para a pré-massa, bata na batedeira por 2 minutos os dois tipos de farinha com 200 ml de água morna, o fermento esfarelado e o sal marinho. Cubra a tigela com um plástico. Deixe a massa descansar em temperatura ambiente por 1 hora e, em seguida, por 12-18 horas na geladeira.

2. No dia seguinte, para a massa principal, dissolva o fermento em 110 ml de água morna. Adicione a farinha, a água com fermento e 300 ml de água morna à pré-massa fermentada. Bata a massa a princípio no nível mais baixo por aproximadamente 4 minutos, adicione o sal marinho e bata por mais 5 minutos no nível seguinte. Cubra novamente a tigela e deixe a massa descansar em temperatura ambiente por 30 minutos. Agora, com a ajuda do raspador de massa, puxe o lado de fora da massa mole e vire-o para dentro 10 vezes (no jargão culinário, chamamos isso de "dobrar"), sempre girando um pouco a tigela durante o procedimento. A massa ficará um pouco mais firme. Cubra novamente e deixe descansar por 30 minutos.

3. Cubra um cesto para pão (pode ser substituído por uma peneira ou uma tigela) com um tecido de linho grosso e polvilhe a farinha. Coloque a massa sobre uma superfície levemente enfarinhada e forme uma bola. Disponha a massa no cesto com a "costura" para baixo e deixe descansar coberta por mais 1 hora.

4. Preaqueça o forno a 250°C, aquecendo uma assadeira junto. Tire a assadeira e cubra com papel-manteiga. Disponha a bola de massa com cuidado na assadeira. Com uma faca afiada, corte um X de 1 cm de profundidade. Coloque rapidamente a assadeira na grelha do meio. Asse por 15 minutos, diminua a temperatura para 220 °C e asse o pão por mais 25 minutos. Retire e deixe esfriar sobre uma grade de metal.

LES TARTINES CROUSTILLANTES

PÃES CROCANTES

FATIAS GROSSAS, DOURADAS E CROCANTES, O PÃO DE CAMPANHA É A BASE PARA TODO TIPO DE IGUARIA. VOCÊ PODE COBRIR AS TARTINES A SEU BEL-PRAZER DE ACORDO COM SUA PREFERÊNCIA, A OCASIÃO OU A ÉPOCA DO ANO.

RILLETTES DE CANARD

RILLETTES DE PATO

Um verdadeiro prazer essas rillettes! *Tão encorpadas, que com elas gostamos de beliscar os* cornichons *azedos que com frequência trazemos de nossas viagens à França. Uma mostarda de Dijon forte e rabanetes também combinam bastante.*

PARA 8 FATIAS GRANDES DE PÃO

Tempo de preparo: aprox. 2 horas
Tempo de marinada: aprox. 24 horas
Por fatia: aprox. 570 kcal

2 coxas de pato (de aprox. 350 g cada)
4-6 ramos de tomilho
2-3 ramos de alecrim
2-3 talos de manjerona
2 folhas de louro
2 cravos-da-índia
5 bagas de zimbro
1 colher (sopa) de açúcar
Sal marinho | Pimenta
1 cebola grande
1 maçã ácida grande
600 g de banha de porco
100 ml de vinho branco seco (opcional)

Para servir:
8 fatias grandes de pão de campanha

1. Lave e seque as coxas de pato e as ervas. Retire as folhas das ervas. Triture grosseiramente o louro, o cravo-da-índia e as bagas de zimbro em um almofariz. Esfregue as ervas, os temperos triturados, o açúcar, 1 colher (sopa) de sal marinho e a pimenta nas coxas de pato, cubra e leve à geladeira por 24 horas.

2. No dia seguinte, descasque a cebola e pique grosseiramente. Descasque a maçã, retire as sementes e corte em pedaços grandes. Derreta a banha em uma caçarola. Coloque as coxas de pato, a cebola e os pedaços de maçã na banha líquida, deixando as coxas cobertas. Adicione o vinho branco ou 100 ml de água e cozinhe tudo em fogo baixo sem tampa por 1h30. Quando a carne soltar facilmente do osso, retire as coxas de pato da banha e deixe esfriar um pouco.

3. Retire a pele das coxas de pato, solte a carne do osso e desfie bem. Retire a banha do suco de carne e passe por uma peneira fina. Misture 250 g de banha na carne de pato. Tempere bem com sal marinho e pimenta.

4. Coloque as rillettes em potes de vidro, sem deixar ar. Cubra a superfície com banha líquida. Feche os potes e conserve as rillettes na geladeira. (Os potes não usados conservam-se na geladeira por aproximadamente 3 meses.) Para servir, toste o pão na grelha do meio do forno por 3-5 minutos a 220°C ou em uma torradeira. Passe uma camada generosa de rillette e tempere com sal marinho e pimenta.

RILLETTES DE SALMÃO

PARA 4 FATIAS GRANDES DE PÃO

Tempo de preparo: aprox. 25 minutos
Por fatia: aprox. 440 kcal

250 g de filés de salmão (sem pele)
150 ml de caldo de peixe
2 pimentas-da-jamaica
150 g de salmão defumado
3-4 talos de estragão
1 colher (chá) de raspas de limão
75 g de manteiga amolecida
2-3 colheres (sopa) de Noilly Prat (vermute branco seco; opcional)
Sal marinho | Pimenta

Para servir:
4 fatias grandes de pão de campanha
Rodelas de pepino para decorar

1. Lave os filés de salmão com água fria, seque e tire as espinhas. Corte os filés em pedaços grandes. Aqueça o caldo de peixe com a pimenta-da-jamaica, coloque os pedaços de salmão e deixe cozinhar tampado em fogo bem baixo por aproximadamente 10 minutos. Retire os pedaços de salmão com uma escumadeira e reserve o caldo do peixe. Deixe o salmão esfriar um pouco.

2. Pique fino o salmão defumado. Lave o estragão, retire as folhas e pique fino. Adicione ao peixe o salmão defumado, metade do estragão, 5 colheres (sopa) de suco do peixe, as cascas de limão e a manteiga em flocos, misturando tudo com um garfo. Acrescente o vermute ou mais 2-3 colheres (sopa) de caldo do peixe, deixando as rillettes bem cremosas. Tempere com sal marinho e pimenta. Toste as fatias de pão como descrito à esquerda. Passe a rillette de salmão e decore com as rodelas de pepino e o restante do estragão.

CREME DE FAVA

PARA 4 FATIAS GRANDES DE PÃO

Tempo de preparo: aprox. 45 minutos
Por fatia: aprox. 365 kcal

2 kg de favas
Sal marinho
2 dentes de alho
1 limão orgânico
½ maço de hortelã
4 colheres (sopa) de azeite de oliva
2-4 colheres (sopa) de caldo de legumes (opcional)
Pimenta

Para servir:
4 fatias grandes de pão de campanha
2 colheres (sopa) de azeite de oliva
50 g de gruyère ou tête de moine ralado

1. Tire os grãos de feijão-verde da fava. Ferva água com sal e branqueie os feijões. Retire a pele dos feijões e coloque os grãos em um copo alto. Descasque o alho. Lave o limão com água quente, seque, descasque e esprema o suco. Coloque as cascas de limão, 2-3 colheres (sopa) de suco de limão e o alho no copo dos feijões e triture um pouco com o mixer.

2. Lave a hortelã, tire as folhas e pique metade fino. Coloque a hortelã picada, o azeite e um pouco de caldo de legumes, se quiser, no creme. Tempere com sal marinho e pimenta. Para servir, toste as fatias de pão como descrito à esquerda e passe uma generosa camada do creme de fava. Regue com azeite de oliva e polvilhe com queijo, o restante das folhas de hortelã, pimenta e sal marinho.

LES PLATS PRINCIPAUX

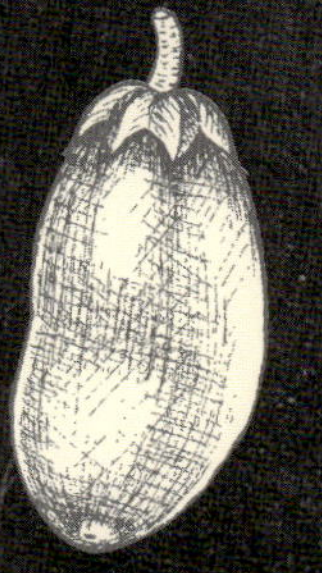

CARRÉE D'AGNEAU AUX HERBES · **PETITS FARCIS** · DAURADE EN PAPILLOTE ASPERGES EN VINAIGRETTE ET POMMES ANNA · **BŒUF BOURGUIGNON** · TIAN DE LÉGUMES · RAVIOLES AU PISTOU **QUICHE AUX POIREAUX ET LARDONS** · GIGOT D'AGNEAU AUX PETITS LÉGUMES **ET PLUS…**

CARRÉE D'AGNEAU AUX HERBES

COSTELA DE CORDEIRO COM CROSTA DE ERVAS

Ainda não descobri por que acho a carne de cordeiro mais saborosa na França. Tanto lá como aqui, cuido para obter uma carne boa e regional. Deve ter a ver com o ar, com o humor (de férias) ou com o vinho que a acompanha, ou pode ser o... Ah, deixa para lá!

PARA 4 PORÇÕES

Tempo de preparo: aprox. 1h30
Por porção: aprox. 870 kcal

Para a costela de cordeiro:
2 chalotas
2-3 dentes de alho
60 g de manteiga amolecida
50 g de pão branco amanhecido
3 ramos de salsa
4-5 ramos de tomilho
1 colher (chá) de raspas de limão orgânico
1 gema
Sal marinho
Pimenta
400 g de tomates-cereja
2 costelas de cordeiro de 400 g cada (prontas para cozinhar, preparadas pelo açougueiro)
2 colheres (sopa) de azeite de oliva

Para o purê:
1 kg de batatas farinhentas
Sal marinho
200 ml de leite integral
6-8 colheres (sopa) de azeite de oliva
Pimenta

Além disso:
Espremedor de batatas

1. Para a crosta de ervas, descasque as chalotas e o alho. Doure em 1 colher (sopa) de manteiga e reserve. Descasque o pão. Lave as ervas e tire as folhas. Passe o pão e as ervas rapidamente em um processador de alimentos. Junte com as cascas de limão, o restante da manteiga, a mistura de chalotas e a gema, e tempere com sal marinho e pimenta.

2. Lave os tomates. Para o purê, descasque as batatas, pique grosseiramente e ferva em salmoura por aproximadamente 20 minutos até amolecerem.

3. Enquanto isso, preaqueça o forno a 160°C. Lave a costela de cordeiro com água fria e seque. Aqueça o azeite em uma frigideira. Sele bem a carne dos dois lados por 2 minutos, tempere com sal e pimenta. Tire e coloque em uma assadeira. Despeje a massa de ervas do lado da camada de gordura da carne, pressionando de leve. Coloque os tomates na assadeira. Asse na grelha do meio por 15 minutos, tire a assadeira do forno e cubra a carne com papel-alumínio para mantê-la quente. Aumente a temperatura do forno para 250°C.

4. Escorra as batatas, reservando um pouco da água. Dentro da panela, amasse as batatas com um espremedor. Simultaneamente, esquente o leite e coloque no purê. Adicione o azeite aos poucos até o purê ficar cremoso, colocando um pouco da água das batatas, se necessário. Tempere o purê com sal marinho e pimenta e reserve quente tampado.

5. Retire o papel-alumínio da carne e gratine na grelha do meio até que a crosta esteja levemente dourada. Corte a carne entre as costelas e sirva com os tomates e o purê.

LES MARCHÉS AUX PUCES: OS MERCADOS DE PULGAS

Não são férias se não tiver marché aux puces! Passar em um mercado de pulgas é indispensável para mim – o que não é surpresa nenhuma para uma nostálgica como eu, não é?

Durante nossa primeira viagem de férias à França, caímos sem querer em um mercado de pulgas. Desde então, planejamos a ida ao nosso passatempo preferido. Muito antes de nossa próxima viagem aos nostálgicos lugares, o monsieur busca na internet, nas páginas dos destinos das férias, por *brocantes, marchés aux puces* ou *marchés d'antiquités*, e ainda *vide greniers*, mercados de pulgas e antiguidades e festas de rua grandes e pequenas, uma oportunidade para a população local esvaziar seus porões e sótãos, e turistas como nós amontoarem-se nas ruas para caçar tesouros. Por isso, algumas vezes, quando estamos retornando das férias, voltamos alguns quilômetros para procurar cobiçados troféus. Meu foco é direcionado principalmente para louças, peças de linho antigo, utensílios de cozinha e charmosas coisas com pátina.

Com frequência nossa van volta da França bem mais cheia do que foi. Ao lado das caixas de vinho, garrafas de azeite de oliva e outras guloseimas, nos últimos anos, muitos belos pratos, tigelas, tábuas de madeira e copos – embrulhados com cuidado em jornal – fizeram conosco a viagem para Hamburgo. E que

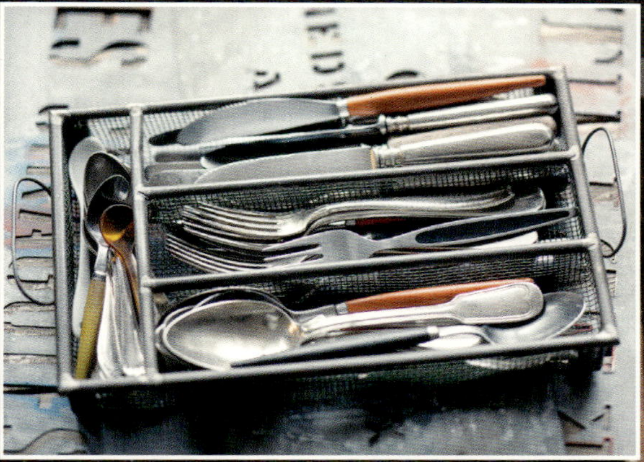

não coube dentro do carro foi preso no teto, sem pensar duas vezes.

PRATOS E RELATOS

Desfazer as malas é outro ritual. Assim que todas as malas e caixas estão dentro de casa, as preciosidades são desempacotadas, colocadas na mesa de jantar e apreciadas mais uma vez. Em seguida, pensamos: onde colocamos o quê? Anos depois, ainda lembramos: esta tábua de madeira veio do mercado de pulgas em Forcalquier, este prato encontramos com o talher de prata, "Você ainda lembra?", no *vide grenier* de Nantes. Assim, muitas peças da nossa casa têm sua própria história.

Após anos deixando nossos tesouros enferrujando no porão, há algum tempo me animo bastante com nosso grande e antigo armário da sala de jantar, no qual trabalhamos com prazer por muitos finais de semana. (Ele pode ser visto na capa deste livro e nas páginas 28 e 180). Nele está grande parte de nossa louça e muitas outras coisas de todo tipo. E, para sua surpresa, não, ele não veio da França. Mas ele é bem antigo e certamente também tem uma história…

MINHA PAIXÃO: A BUSCA POR TESOUROS ANTIGOS (DE COZINHA)

PETITS FARCIS

LEGUMES RECHEADOS

A receita original de Nizza recebe bacon e salsicha. Em minha variante vegetariana, os legumes frescos são bem temperados com queijo, ervas e tomate seco. Para acompanhar, gostamos do arroz vermelho de Camargue.

PARA 4 PORÇÕES

Tempo de preparo: aprox. 1h20
Tempo de forno: aprox. 40 minutos
Por porção: aprox. 395 kcal

Sal marinho | 4 cebolas grandes
4 tomates grandes (aprox. 500 g)
2 abobrinhas (aprox. 500 g)
2 berinjelas (aprox. 500 g)
2-3 dentes de alho
150 g de champignons
8 tomates secos em conserva
6 ramos de tomilho
1-2 ramos de alecrim
½ maço de salsa | Pimenta
60 g de queijo duro forte (comté, gruyère ou parmesão)
3 colheres (sopa) de azeite de oliva
6 colheres (sopa) de farinha de rosca
150 ml de vinho branco (ou caldo de legumes)
250 ml de caldo de legumes
2 colheres (sopa) de extrato de tomate
100 g de azeitonas pretas pequenas

MINHA DICA PRÁTICA

Para uma quantidade grande, você pode dobrar a receita e usar uma assadeira funda.

1. Ferva bastante água com sal. Descasque as cebolas e ferva por 5 minutos. Retire e escorra.

2. Enquanto isso, lave os tomates, as abobrinhas e as berinjelas. Corte uma tampa do tomate, retire a polpa com uma colher e reserve. Corte as abobrinhas e as berinjelas em pedaços de aproximadamente 5 cm e retire a polpa com uma colher ou faca pequena até a "base". Pique bem as polpas retiradas.

3. Corte uma "tampa" na parte de cima das cebolas pré-cozidas, retire a polpa deixando 2 camadas e pique fino o miolo. Descasque o alho e pique fino. Lave e pique fino os champignons. Escorra o tomate seco e também pique bem.

4. Lave as ervas, tire as folhas e pique bem. Rale fino o queijo.

5. Aqueça o azeite em uma frigideira grande. Doure bem por aproximadamente 5 minutos a cebola cortada e a polpa picada da abobrinha e da berinjela, bem como os champignons picados. Adicione o alho, os tomates secos e metade das ervas e refogue por mais 2 minutos. Adicione a farinha de rosca e o queijo e tempere bem com sal marinho e pimenta.

6. Preaqueça o forno a 200°C. Coloque os legumes ocos em uma fôrma grande para gratinar e recheie com a massa de legumes e champignon. Misture a polpa de tomate com vinho, caldo de legumes, extrato de tomate e azeitonas, adicionando à fôrma com as ervas restantes. Asse tudo na grelha do meio por aproximadamente 40 minutos até que os legumes estejam levemente dourados.

DAURADE EN PAPILLOTE

DOURADO EM PAPELOTE

Com aroma de alho e ervas perfumadas – os pacotinhos de peixe exalam um agradável cheiro mediterrâneo quando abertos e, por isso, estão entre os favoritos da culinária de verão e sol.

PARA 4 PORÇÕES

Tempo de preparo: aprox. 1 hora
Por porção: aprox. 465 kcal

Para os dourados:
4 dourados (de aprox. 400 g cada, prontos para preparar; se necessário, encomendar com antecedência na peixaria)
1 limão orgânico | 2 dentes de alho
3 talos de salsa
2 colheres (chá) de tomilho
2 colheres (chá) de sementes de erva-doce
5 colheres (sopa) de azeite de oliva
Sal marinho | Pimenta

Para os legumes com erva-doce:
2 bulbos de erva-doce com o talo (aprox. 500 g) | 3 chalotas
2 colheres (sopa) de azeite de oliva
1 laranja orgânica | 1 limão orgânico
1 folha de louro
2 colheres (chá) de sementes de erva-doce
1 colher (chá) de sementes de cominho
2 colheres (sopa) de pastis (aperitivo de anis; opcional)
Sal marinho | Pimenta

Além disso:
Papel-manteiga e palitos de dente

1. Lave bem e seque os dourados. Lave o limão com água quente, descasque e esprema o suco. Descasque e pique fino o alho. Lave e seque a salsa, tire as folhas e pique fino. Misture as cascas de limão, o alho, a salsa, o tomilho e as sementes de erva-doce com 1 colher (sopa) de azeite. Tempere a barriga do peixe com sal marinho e pimenta e passe a mistura de ervas. Preaqueça o forno a 200°C.

2. Coloque cada dourado em uma folha de papel-manteiga, tempere com sal marinho e pimenta e regue com 1 colher (sopa) de azeite e 1 colher (sopa) de suco de limão. Dobre o papel-manteiga sobre o peixe e feche, formando um pacotinho (prenda com palito de dente). Coloque os pacotinhos em uma assadeira e asse os dourados na grelha do meio por 20 minutos.

3. Enquanto isso, para as verduras, lave a erva-doce, corte a parte verde e reserve. Corte o bulbo de erva-doce ao meio e tire o talo. Corte a erva-doce em rodelas finas. Descasque as chalotas e corte em tiras longitudinais.

4. Aqueça o azeite em uma frigideira grande e doure bem a erva-doce e as chalotas por aproximadamente 5 minutos em fogo médio-alto. Lave a laranja e o limão com água quente, descasque e esprema o suco. Adicione o suco e as cascas, o louro, as sementes de erva-doce e as sementes de cominho à erva-doce, regando com pastis, se desejar. Tempere os legumes com sal marinho e pimenta e cozinhe por aproximadamente 5 minutos, até a erva-doce ficar al dente. Mantenha a panela tampada para que os legumes fiquem quentes até que o peixe esteja assado.

5. Para servir, abra os pacotinhos de peixe, salpique com o talo de erva-doce picado fino e adicione bastantes verduras com erva-doce.

CONFIT DE CANARD AUX ÉCHALOTES

COXAS DE PATO REFOGADAS COM CHALOTAS

Setenta coxas de pato precisaram ser preparadas de uma vez como confit para uma grande festa familiar. O desafio foi cumprido com auxílio na cozinha e o grande forno de um estúdio fotográfico. Em casa, tudo foi reaquecido em etapas – uma recordação tão saborosa quanto inesquecível!

PARA 4 PORÇÕES

Tempo de preparo: entre 2 horas e 2h20
Por porção: aprox. 1040 kcal

Para as coxas de pato:
4 coxas de pato (de aprox. 350 g cada)
2 colheres (sopa) de azeite de oliva
Sal grosso
Pimenta-do-reino moída na hora
500 g de chalotas
2-3 ramos de alecrim
2 colheres (sopa) cheias de mel silvestre

Para o purê de aipo:
600 g de aipo-rábano
600 g de batatas farinhentas
Sal marinho | 200 ml de leite
100 g de creme de leite
Pimenta | Noz-moscada moída na hora

MINHA DICA PRÁTICA

Em minha assadeira com tampa grande cabem 8 coxas de pato, então sempre preparo a receita em dobro. Isso porque acho as coxas reaquecidas quase mais saborosas, pois a carne ganha um aroma e um suco a mais.

1. Preaqueça o forno a 180°C. Lave as coxas de pato com água fria e seque. Aqueça o azeite em uma assadeira com tampa, tempere bem as coxas com sal grosso e pimenta e grelhe bem dos dois lados por 10 minutos. Tampe a assadeira e asse as coxas na grelha do meio por 45 minutos.

2. Enquanto isso, descasque as chalotas e corte as grandes ao meio. Lave o alecrim. Depois de 45 minutos, retire a assadeira com tampa e vire as coxas. Acrescente as chalotas, o alecrim e o mel. Asse as coxas no forno por mais 40-60 minutos. Depois de assar por aproximadamente 1h25, espete um garfo trinchante para ver se as coxas estão prontas. Se o garfo sair com facilidade, as coxas estão assadas. Se sair com dificuldade, asse mais um pouco.

3. Enquanto as coxas de pato assam, prepare o purê de aipo. Descasque o aipo e as batatas e pique fino. Cozinhe em um pouco de água com sal por 20-25 minutos, até ficarem macios. Escorra em uma peneira e reserve aproximadamente 150 ml do líquido. Amasse os legumes na panela com um espremedor de batatas.

4. Simultaneamente, aqueça o leite e o creme de leite e despeje no purê. Se o purê ficar muito duro, coloque um pouco mais do líquido de cocção. Tempere o purê com sal marinho, pimenta e noz-moscada. Mantenha quente tampando a panela (ou em fogo baixo), mexendo de vez em quando para não grudar no fundo da panela.

5. Quando as coxas de pato estiverem assadas, retire a assadeira com tampa do forno. Coloque as coxas de pato nos pratos e sirva com as chalotas, o suco do refogado e o purê de aipo tradicional.

ASPERGES EN VINAIGRETTE ET POMMES ANNA

ASPARGOS COM VINAGRETE E BATATAS ANNA

Uma refeição de primavera do jeito que eu gosto: batatas amanteigadas e crocantes, aspargos marinados com tudo o que há na horta de ervas primaveris: "Vite vite, venez à table!"

PARA 4 PORÇÕES

Tempo de preparo: aprox. 1h45
Por porção: aprox. 575 kcal

Para as batatas:
150 g de manteiga | Sal marinho
1 kg de batatas cerosas | Pimenta
Manteiga para untar

Para os aspargos:
2 maços de ervas aromáticas (tomilho, alecrim, orégano, manjericão...)
2 chalotas | 4 colheres (sopa) de vinagre de vinho branco | Sal marinho
Pimenta | 2 colheres (chá) de sementes de mostarda | Uma pitada de açúcar
1 colher (chá) cheia de mel | 1 colher (chá) de raspas de laranja orgânica
4 colheres (sopa) de azeite de oliva
1,5 kg de aspargos brancos

Além disso:
Fôrma redonda refratária (22 cm de diâmetro; pode ser substituída por uma fôrma com fundo falso com laterais bem fechadas) | Papel-manteiga

1. Para as batatas, derreta a manteiga em uma panela pequena. Passe a manteiga líquida por uma peneira fina e coloque-a em um recipiente plano, deixando de fora a parte de baixo (o soro branco). Descasque as batatas e corte em rodelas bem finas ou rale. Seque as batatas em um pano de prato.

2. Preaqueça o forno a 200°C. Unte a fôrma. Coloque uma camada de batatas em um círculo uniforme na fôrma. Regue com 1/5 da manteiga e tempere com sal e pimenta. Repita este procedimento por mais quatro vezes. Cubra a fôrma com papel-manteiga. Asse na grelha do meio por 1 hora até que as batatas estejam macias (para verificar, espete uma faca) e a superfície bem tostada.

3. Enquanto isso, lave as ervas, tire as folhas e pique não muito fino. Descasque e pique fino as chalotas. Misture o vinagre com uma pitada generosa de sal marinho e pimenta, a mostarda, o mel, as cascas de laranja, as ervas e a chalota picada. Adicione o azeite em um fio fino até obter um molho cremoso.

4. Lave os aspargos, corte as extremidades fibrosas e descasque. Ferva bastante água e tempere com sal marinho e açúcar. Cozinhe os aspargos al dente por 8-12 minutos. Retire com uma escumadeira, escorra, coloque em um prato e regue com o vinagrete. Marine coberto com filme plástico.

5. Retire a fôrma do forno e corte as batatas em pedaços. Sirva com os aspargos marinados.

MINHA DICA PRÁTICA

Ferva as cascas e extremidades dos aspargos com água e faça um caldo para ser usado em uma requintada sopa creme de aspargos.

POULET DE MAÏS AUX PÊCHES ET OLIVES

FRANGO COM PÊSSEGOS E AZEITONAS

A combinação dos ingredientes é incomum, mas o sabor é surpreendentemente bom! No lugar do frango você também pode usar uma carnuda galinha d'angola. Em todo caso, opte por um poulet fermier *de qualidade, orgânico e criado ao ar livre!*

PARA 4 PORÇÕES

Tempo de preparo: aprox. 1h45
Por porção: aprox. 750 kcal

1 frango orgânico (de aprox. 1,4 kg)
12 folhas de louro
6-8 ramos de alecrim
Sal marinho | Pimenta
3 tiras grossas de bacon
400 g de chalotas
150 ml de vinho branco seco (pode ser substituído por mais caldo de galinha)
150 ml de caldo de galinha
4 pêssegos grandes e maduros
80 g de azeitonas pretas pequenas
2 colheres (sopa) de mel silvestre

Além disso:
Barbante de cozinha para amarrar (opcional)
Fôrma grande refratária

1. Lave o frango abundantemente por dentro e por fora e seque bem. Recheie com 10 folhas de louro e 4 ramos de alecrim e esfregue bastante sal marinho e pimenta.

2. Cubra o peito do frango com as tiras de bacon (isso evita que a carne do peito resseque). Amarre o peito do frango com o barbante de cozinha, se desejar, e coloque o frango com o peito para cima em uma assadeira grande. Preaqueça o forno a 180°C.

3. Descasque as chalotas e coloque ao redor do frango com o louro e o alecrim restantes. Regue com o vinho branco e o caldo de galinha. Asse por 75 minutos.

4. Enquanto isso, lave os pêssegos, corte ao meio e tire o caroço. Após 50 minutos de forno, adicione os pêssegos e as azeitonas e regue tudo com mel. Asse por mais 25 minutos até que o frango fique crocante e dourado e os pêssegos, macios. Para servir, trinche o frango e prove o molho. Sirva com os pêssegos, as azeitonas e as chalotas.

MINHA DICA DE ACOMPANHAMENTO

Bien sûr, *uma baguete crocante sempre combina! Cuscuz marroquino, triguilho e painço também combinam bastante.*

PREFIRO COZINHAR E COMER... AO AR LIVRE!

Nós, do norte da Alemanha, infelizmente não podemos desfrutar com tanta frequência um agradável hábito do sul do país nos meses quentes: uma alegre refeição ao ar livre.

Desde criança, sempre adorei poder ir da cozinha direto para um ambiente aberto. Hoje aproveito bastante nossa grande varanda de madeira anexa à sala de jantar. Assim que os primeiros raios de sol entram pelos cantos da casa e a temperatura sobe um pouquinho, vamos de mala e cuia para fora. Colocamos a mesa grande, animamo-nos com o sol cada vez mais quente e logo sentimos aquela agradável sensação de verão, sol e férias. Uma delícia!

COZINHA LEVE DE VERÃO

Comer ao ar livre já é bom e gostoso, cozinhar ao ar livre, então, é muito mais agradável! Por isso, gostamos de mudar a cozinha para a frente da porta da varanda nos fins de semana de verão. É fácil preparar uma salada ao ar livre e até realizar atividades culinárias mais chatinhas (está certo, elas existem!) como descascar batatas ou limpar cogumelos são quase divertidas a céu aberto.

Fico muito bem-humorada quando cozinhamos ao ar livre. E eu não me refiro a fazer churrasco, nananinanão, falo em cozinhar de verdade. Ou seja, vasculhamos o

fundo de nosso porão atrás do fogão elétrico antigo, que já nos ajudou muito durante a época de reformas na casa nova, e o levamos para fora! Com ele não apenas cortamos e preparamos, mas também podemos grelhar, cozinhar e refogar. Churrasco? Não, obrigada. Como você já sabe, prefiro que os outros façam isso por mim. A única exceção é a merguez. Quando resolvo trabalhar com as queridas salsichinhas temperadas, não gosto de deixá-las em mãos alheias. Assim, posso garantir que pelo menos uma delas sobrará para mim – são deliciosas!

CONFORTO DEBAIXO DO GUARDA-SOL

Pode acontecer de algumas nuvens virem novamente nublar o céu do norte da Alemanha, o que sabemos que é frequente, por isso é interessante deixar a postos algumas jaquetas e mantas para se enrolar ou, se a chuva chegar, abrir o grande guarda-sol e continuar assando e comendo! Pelo menos um vinhozinho consegue prolongar esse prazer ao ar livre. E, talvez nessa oportunidade, seja possível pensar sobre o próximo destino de viagem ao sul da França...

MEU DESPREOCUPADO PRAZER DE VERÃO: COMER A CÉU ABERTO!

TIAN DE LÉGUMES

GRATINADO DE LEGUMES

No sul da França, o tian é servido como acompanhamento de peixes e carnes grelhados ou assados. Para nós, os legumes de verão gratinados com queijo de cabra temperado servem como uma leve refeição de verão.

PARA 4 PORÇÕES
Tempo de preparo: aprox. 35 minutos
Tempo de forno: aprox. 1 hora
Por porção: aprox. 460 kcal

500 g de abobrinhas pequenas
1 berinjela | 600 g de tomates
600 g de batatas | 2 cebolas
2-3 dentes de alho | 6 folhas de louro
9 colheres (sopa) de azeite de oliva
4-6 ramos pequenos de tomilho e segurelha | Sal marinho | Pimenta
2 colheres (chá) de sementes de erva-doce
8 colheres (sopa) de caldo de legumes
150 g de queijo de cabra fresco e firme (peça redonda)

Além disso:
Fôrma grande refratária

MINHA VARIANTE

Para uma variante de sabor mais intenso, substitua o queijo de cabra por uma mistura de 6-8 filés de aliche picados pequeno, 2 colheres (sopa) de alcaparras e 4 colheres (sopa) de azeitonas pretas picadas grosseiramente. Dessa forma, o tian *é um delicioso acompanhamento para sardinhas ou cavalas.*

1. Lave e corte em rodelas finas a abobrinha, a berinjela e os tomates. Descasque as batatas e as cebolas e corte em rodelas finas. Descasque o alho e pique fino. Preaqueça o forno a 200°C.

2. Pincele 1 colher (sopa) de azeite na fôrma. Coloque os legumes e as folhas de louro alternadamente na vertical. Lave o tomilho e a segurelha, tire as folhas e salpique nos legumes. Tempere tudo com sal marinho e pimenta e polvilhe as sementes de erva-doce.

3. Misture o restante do azeite e o caldo de legumes e regue os legumes. Asse na grelha do meio por 50-60 minutos no total, até ficarem bem dourados. Após aproximadamente 30 minutos, esfarele o queijo de cabra em pedaços, coloque nos legumes e asse junto. Retire do forno e sirva.

RAVIOLES AU PISTOU

RAVIÓLI COM MOLHO PISTOU

Em Nizza e região há muitas receitas de ravióli, pois a Itália não é longe e suas influências não podem ser menosprezadas. Gosto da massa principalmente com queijo de cabra fresco.

PARA 4 PORÇÕES

Tempo de preparo: aprox. 1h30
Por porção: aprox. 870 kcal

Para o ravióli:
300 g de farinha
2 ovos médios
1 colher (sopa) de azeite de oliva
Sal marinho
50 g de pinoli
8 tomates secos em conserva
2 colheres (sopa) de farinha de rosca
1 gema
250 g de queijo de cabra fresco
Pimenta
Farinha para polvilhar

Para o pistou:
3 tomates
1 maço grande de manjericão
1-3 dentes alho
Aprox. 100 ml de azeite de oliva
Sal marinho | Pimenta

Além disso:
Máquina de massa
Queijo duro ralado para servir (gruyère, comté ou parmesão; opcional)

1. Para a massa, bata a farinha, os ovos, o azeite e pouco menos de 1 colher (chá) de sal marinho e 4-6 colheres (sopa) de água fria por 5-10 minutos até obter uma massa uniforme e elástica. Embrulhe a massa em filme plástico e deixe descansar por 30 minutos.

2. Enquanto isso, para o recheio, toste os pinoli em uma frigideira antiaderente, sem óleo, deixe esfriar e pique grosseiramente. Pique fino os tomates. Misture os pinoli, os tomates, a farinha de rosca, a gema e o queijo de cabra fresco. Tempere bem com sal marinho e pimenta e reserve embrulhado em filme plástico.

3. Para o pistou, corte os tomates em cruz, branqueie, espere esfriar um pouco para descascar, retirar as sementes e cortar em cubos. Lave o manjericão, tire as folhas e pique grosseiramente. Descasque o alho e pique grosseiramente. Coloque o manjericão, o alho e o azeite em um copo alto e triture um pouco com o mixer. Adicione os pedaços de tomate e tempere o pistou com sal marinho e pimenta.

4. Sove um pouco a massa de macarrão. Abra com a máquina de massa em dois pedaços até o penúltimo nível, polvilhando com farinha. Coloque 1-2 colheres (chá) do recheio em montinhos em uma metade da tira de massa. Pincele um pouco de água na massa ao redor do recheio. Cubra com a segunda tira de massa e aperte bem a massa ao redor do recheio. Corte os raviólis.

5. Ferva bastante água com sal em uma panela grande. Cozinhe o ravióli por 4-5 minutos até ficar al dente, retire com uma escumadeira, escorra e coloque em um prato fundo. Despeje o pistou. Se desejar, polvilhe com um pouco de gruyère, comté ou parmesão e sirva.

QUICHE AUX POIREAUX ET LARDONS

QUICHE COM ALHO-PORÓ E BACON

A massa podre de coalhada assemelha-se à massa folhada, mas é mais rápida e fácil de fazer. Perdoe o fato de não ser de origem francesa, mas ela combina perfeitamente com a quiche suculenta.

PARA 1 FÔRMA DE QUICHE OU DE FUNDO REMOVÍVEL (28 CM DE DIÂMETRO)

Tempo de preparo: aprox. 2h30
Por pedaço: aprox. 600 kcal
Rende 8 pedaços

Para a massa podre:
200 g de farinha de trigo
150 g de manteiga gelada
125 g de coalhada seca
Sal marinho

Para a cobertura:
1 cebola
1-2 dentes de alho
½ ramo de salsa
150 g de bacon
800 g de alho-poró
2 colheres (sopa) de azeite de oliva
2 colheres (chá) de tomilho
250 g de crème fraîche (ver nota na p. 44)
3 ovos médios
Sal marinho | Pimenta
Noz-moscada moída na hora
125 g de gruyère ou queijo da montanha

Além disso:
Farinha para trabalhar
Papel-manteiga e feijões crus para pré-assar

1. Para a massa podre, coloque na superfície de trabalho a farinha, a manteiga gelada em flocos, a coalhada e ½ colher (chá) de sal marinho. Pique com uma faca grande até formar granulados e, em seguida, sove vigorosamente com as mãos até formar uma bola de massa uniforme. Embrulhe em filme plástico e leve à geladeira por 1 hora.

2. Enquanto isso, descasque a cebola e o alho e pique fino para a cobertura. Lave a salsa, tire as folhas e pique grosseiramente. Corte o bacon em fatias. Lave o alho-poró e corte ao meio longitudinalmente. Lave bem os talos em água fria corrente e corte tiras de 1 cm de largura. Aqueça o azeite em uma panela, doure as fatias de bacon em fogo médio-alto até ficarem crocantes e retire. Adicione a cebola, o alho, o alho-poró, a salsa e o tomilho e salteie sem tampa por aproximadamente 10 minutos, mexendo de vez em quando. Não deixe acumular líquido.

3. Preaqueça o forno a 200°C. Unte a fôrma. Abra a massa em um pouco de farinha a até aproximadamente 1 cm de espessura, dobre ao meio e abra novamente. Dobre a massa ao meio pela segunda vez, deixando-a um pouco maior do que a fôrma. Cubra a fôrma com a massa e fure a base com o garfo diversas vezes. Cubra com papel-manteiga e coloque os feijões. Pré-asse na grelha do meio por 15 minutos.

4. Enquanto isso, bata o crème fraîche e os ovos e tempere bem com sal marinho, pimenta e noz-moscada. Rale o queijo e adicione dois terços à mistura de alho-poró. Retire a fôrma do forno, descarte o papel-manteiga e os feijões e distribua o alho-poró na massa. Regue com a mistura de ovos e polvilhe o queijo restante. Continue assando até dourar na grelha do meio por mais 30-35 minutos. Tire do forno e sirva quente ou morno.

GIGOT D'AGNEAU AUX PETITS LÉGUMES

COXA DE CORDEIRO COM LEGUMES

Essa é uma boa refeição para uma ocasião mais descontraída, do jeito que eu gosto: é fácil de preparar, os legumes também podem servir como acompanhamento e me sobra tempo para curtir um apéro *e cuidar dos convidados!*

PARA 6 PORÇÕES

Tempo de preparo: aprox. 2h30
Por porção: aprox. 735 kcal

1 coxa de cordeiro com osso (aprox. 1,8 kg)
3 colheres (sopa) de azeite de oliva
Sal marinho | Pimenta
5-6 ramos de alecrim, tomilho e segurelha
1 cabeça de alho
400 g de cenouras
400 g de bulbo de erva-doce
400 g de chalotas
1 talo grosso de alho-poró
500 g de batatas cerosas
250 g de tomates-cereja
5 folhas de louro
125 ml de vinho branco seco
200 ml de caldo de cordeiro ou carne

1. Preaqueça o forno a 200°C. Lave as coxas de cordeiro com água fria e seque. Aqueça o azeite em uma assadeira com tampa grande. Doure as coxas de cordeiro dos dois lados em fogo médio por aproximadamente 15 minutos, tempere com sal marinho e pimenta e leve ao forno, com a assadeira destampada, na grelha do meio por aproximadamente 45 minutos.

2. Enquanto isso, lave as ervas e seque bem. Corte a cabeça de alho ao meio. Descasque as cenouras. Lave o bulbo de erva-doce e corte ao meio, retirando o talo. Corte a erva-doce em pedaços grandes. Descasque as chalotas e corte ao meio, dependendo do tamanho. Lave bem o alho-poró e corte em pedaços de aproximadamente 5 cm de comprimento. Lave as batatas, descasque e corte ao meio. Lave os tomates-cereja.

3. Após 45 minutos de forno, vire as coxas de cordeiro. Coloque o alho, as batatas, as ervas e as folhas de louro no líquido de cocção ao redor das coxas de cordeiro e tempere com sal marinho e pimenta. Regue com o vinho branco e o caldo de cordeiro. Asse tudo na grelha do meio por 30 minutos. Acrescente a erva-doce, o alho-poró, as cenouras e os tomates e asse por mais 30 minutos.

4. Retire as coxas de cordeiro da assadeira e embrulhe em papel-alumínio, deixando descansar por 10 minutos. Tempere os legumes com sal marinho e pimenta. Separe a carne do osso em fatias e sirva com os legumes e o caldo do cozimento.

FILET DE SANDRE AUX LENTILLES

FILÉ DE LÚCIO-PERCA COM LENTILHAS

Já no tradicional "peixe de frigideira" de Hamburgo, adoro a combinação de peixe e molho de mostarda. Se o peixe estiver deitado em uma cama de lentilhas – como é o caso desta receita – meu lado suábio vibra.

PARA 4 PORÇÕES

Tempo de preparo: aprox. 1h15
Por porção: aprox. 530 kcal

Para as lentilhas:
200 g de lentilhas de Puy
1 folha de louro | 1 cravo-da-índia
150 g de cenouras
150 g de aipo-rábano | 1 cebola
1 colher (sopa) de azeite de oliva
125 ml de caldo de galinha ou legumes
½ maço de salsa
1 colher (sopa) de extrato de tomate
1 colher (sopa) de vinagre balsâmico
Sal marinho | Pimenta

Para o molho e o peixe:
2 chalotas
6 colheres (sopa) de vinho branco seco
4 colheres (sopa) de vinagre de vinho branco
100 g de creme de leite
1 colher (sopa) de sementes de mostarda
2 colheres (chá) de mostarda de Dijon
Sal marinho | Pimenta
4 filés de lúcio-perca com pele (de aprox. 150 g cada)
3 colheres (sopa) de azeite de oliva
1 colher (sopa) de manteiga

1. Cozinhe as lentilhas em água fervente com o louro e o cravo-da-índia por aproximadamente 20 minutos (sem deixar amolecer muito), escorra em uma peneira e retire os temperos. Descasque e pique fino as cenouras, o aipo-rábano e a cebola.

2. Aqueça o azeite em uma frigideira e salteie os legumes por aproximadamente 5 minutos. Acrescente as lentilhas e o caldo de galinha. Lave a salsa, tire as folhas e pique grosseiramente. Misture o extrato de tomate, o vinagre balsâmico e a salsa nos legumes com lentilhas e tempere tudo com sal marinho e pimenta.

3. Para o molho de mostarda, descasque as chalotas, pique fino e ferva em uma panela pequena com o vinho branco e o vinagre. Deixe o líquido evaporar quase por completo. Acrescente o creme de leite e aqueça, passe o molho por uma peneira e aperte bem as chalotas. Adicione os dois tipos de mostarda e tempere o molho com sal marinho e pimenta.

4. Lave os filés de peixe em água corrente, seque bem e faça cortes diagonais na pele com uma faca afiada. Aqueça o azeite em uma frigideira grande, tempere os filés de peixe com sal e pimenta e coloque no azeite com a pele para baixo. Sele em fogo médio por aproximadamente 5 minutos. Em seguida, vire os filés, adicione a manteiga e doure por mais 3 minutos.

5. Enquanto isso, aqueça os legumes com a lentilha e o molho de mostarda, mas não deixe ferver, para não talhar. Espume brevemente o molho com o mixer. Coloque os legumes com lentilha em um prato, sirva o peixe e regue com um pouco de molho.

GRATIN DAUPHINOIS

BATATAS GRATINADAS

Um clássico presente com mais frequência em nossa mesa durante a temporada mais fria do ano e que nos deixa satisfeitos e felizes. Para que a coisa não se torne repetitiva, às vezes substituo uma parte das batatas por tubérculos como mandioquinha, raiz de salsa ou tupinambo.

PARA 4 PORÇÕES

Tempo de preparo: aprox. 30 minutos
Tempo de forno: 50-60 minutos
Por porção: aprox. 540 kcal

1-2 dentes de alho
300 g de crème fraîche (ver nota na p. 44)
150 ml de leite
Sal marinho | Pimenta
Noz-moscada moída na hora
100 g de gruyère
1 kg de batatas (de preferência, do tipo cerosa)

Além disso:
Fôrma refratária
Manteiga para untar

1. Preaqueça o forno a 180°C. Unte a fôrma. Descasque o alho. Misture o crème fraîche com o leite, esprema o alho e tempere bem com sal marinho, pimenta e noz-moscada.

2. Rale o queijo. Descasque as batatas e corte ou rale em rodelas bem finas. (Se precisar preparar tudo rapidamente, corte com o processador de alimentos.)

3. Coloque as rodelas de batata na fôrma, salgando e colocando a metade do queijo no meio do processo. Regue a mistura de crème fraîche por cima e salpique o restante do queijo. Asse na grelha de baixo por 50-60 minutos até as batatas ficarem cozidas e a superfície, dourada.

MINHA DICA DE ACOMPANHAMENTO

Com o gratinado, gostamos de saborear uma salada crocante com tomates e ervas no verão e tirinhas finas de erva-doce no inverno. É claro, porém, que as batatas cremosas também acompanham bem um bife e pratos com frango ou refogados.

TRANCHES DE LOTTE EN RATATOUILLE

MEDALHÃO DE TAMBORIL COM RATATOUILLE

Normalmente faço o ratatouille em grandes quantidades e quase gosto dele ainda mais quando requentado. Essa variante um pouco mais sofisticada é o acompanhamento perfeito para o suculento lotte, *como o tamboril é chamado do outro lado do Reno.*

PARA 4 PORÇÕES

Tempo de preparo: aprox. 55 minutos
Por porção: aprox. 665 kcal

8 medalhões de tamboril (de aprox. 100 g cada, encomendar na peixaria, se necessário)
8 tiras finas de bacon
2 pimentões (1 vermelho e 1 verde)
1 abobrinha pequena
1 berinjela pequena
4 tomates
1 cebola
2-3 dentes de alho
1-2 ramos de manjericão
6 colheres (sopa) de azeite de oliva para fritar
200 ml de caldo de legumes
1 colher (sopa) de tomilho
Sal marinho | Pimenta
Uma pitada de açúcar
1 colher (chá) de raspas de limão orgânico
2 colheres (chá) de tapenade (industrializada ou caseira, veja receita na p. 39)
2 colheres (sopa) de azeite de oliva

Além disso:
Farinha para polvilhar
Palitos de dente

1. Lave os medalhões de tamboril com água fria e seque bem. Polvilhe um pouco de farinha nos medalhões, tirando o excesso. Enrole uma tira de bacon e prenda com um palito de dente.

2. Lave os pimentões, a abobrinha e a berinjela e corte em cubos grandes de aproximadamente 1 cm. Corte os tomates em cruz, branqueie, deixe esfriar um pouco, descasque, tire as sementes e pique fino. Descasque e pique fino o alho e a cebola. Lave o manjericão e tire as folhas.

3. Em uma frigideira grande, aqueça 4 colheres (sopa) de azeite e doure bem a cebola, os pimentões, a abobrinha e a berinjela por aproximadamente 4 minutos. Adicione os tomates, o alho, o caldo de legumes, metade do tomilho, uma pitada de sal marinho, a pimenta e o açúcar e doure tudo por mais 5 minutos em fogo baixo.

4. Enquanto isso, aqueça o restante do azeite de oliva em outra frigideira. Coloque os medalhões de tamboril, tempere com sal e pimenta e sele dos dois lados em fogo médio por 3 minutos. Vire os medalhões e doure por mais 2 minutos. Salpique o tomilho restante e as cascas de limão. Misture a tapenade com o azeite de oliva.

5. Coloque o ratatouille em um prato e sirva os medalhões de tamboril. Regue com um pouco de tapenade e sirva salpicando as folhas de manjericão.

QUICHE DE BLETTES AU SAUMON

QUICHE DE ACELGA E SALMÃO

Esta quiche saborosa pode ser levada a um piquenique ou um passeio na praia. Na Provença, a acelga é usada não apenas para pratos saudáveis, mas também em tourtes *doces.*

PARA 1 FÔRMA DE QUICHE OU COM FUNDO FALSO (28 CM DE DIÂMETRO)

Tempo de preparo: aprox. 1h15
Tempo de forno: aprox. 40 minutos
Por pedaço: aprox. 580 kcal
Rende 8 pedaços

Para a massa podre:
350 g de farinha de trigo
Sal marinho
150 g de manteiga gelada
1 ovo médio

Para o recheio:
1 kg de acelga | 1 cebola grande
1-2 dentes de alho
2 colheres (sopa) de azeite de oliva
Sal marinho | Pimenta
3 colheres (sopa) de Noilly Prat (vermute branco seco; opcional)
¼ colher (chá) de fios de açafrão
250 g de crème fraîche (ver nota na p. 44)
2 ovos médios | 1 clara
1 colher (chá) de raspas de limão orgânico | 300 g de filé de salmão
40 g de parmesão

Além disso:
Farinha para trabalhar
Manteiga para untar
1 gema e 1 colher (sopa) de leite para pincelar

1. Para a massa podre, misture a farinha e ½ colher (chá) de sal marinho em uma superfície de trabalho. Adicione a manteiga gelada em flocos e forme granulados com as pontas dos dedos. Acrescente o ovo e 3 colheres (sopa) de água fria e sove tudo vigorosamente até obter uma bola de massa uniforme. Embrulhe em plástico filme e leve à geladeira por 30 minutos.

2. Enquanto isso, para o recheio, corte o miolo da acelga. Lave e corte os talos e veios das folhas em tiras de aproximadamente 1 cm e as folhas em tiras de aproximadamente 2 cm. Descasque a cebola e o alho e pique fino. Aqueça o azeite em uma panela e refoge o alho e a cebola. Adicione os talos de acelga e doure por 3 minutos, mexendo sempre. Adicione as folhas de acelga, tempere com sal marinho e pimenta, acrescente o vermute ou 3 colheres (sopa) de água e cozinhe por aproximadamente 5 minutos em fogo médio, mexendo sempre.

3. Preaqueça o forno a 200°C. Unte a fôrma. Dissolva os fios de açafrão em 1 colher (sopa) de água quente. Misture o crème fraîche, os ovos, a clara, a água com açafrão e as raspas de casca de limão e tempere bem com sal marinho e pimenta. Lave o filé de salmão com água fria, seque e corte em pedaços pequenos. Rale o parmesão.

4. Abra dois terços da massa em um pouco de farinha e forre a fôrma com ela. Abra o restante da massa e corte em tiras da largura de um dedo. Misture a acelga refogada, os pedaços de salmão e o parmesão e despeje no fundo da massa. Regue com a mistura de ovos. Coloque as tiras de massa na diagonal formando uma grade e prenda na borda da massa. Misture a gema e o leite e pincele nas tiras de massa. Asse a quiche na grelha do meio por aproximadamente 40 minutos até dourar. Tire do forno e sirva quente.

NADA COMO CHEGAR A... MERGUEZ!

Não pretendo dar qualquer veredito a respeito da origem das linguiças temperadas, sejam elas de Marrocos, da Tunísia ou da Argélia, prefiro referir-me a elas como "linguiças de origem norte-africana". De qualquer forma, na França, as merguez *são encontradas há décadas em quase qualquer lugar, seja no açougue ou no supermercado. Não ficam de fora de nenhuma* fête du village, *e podem ser mergulhadas em harissa picante ou saboreadas como* sandwich merguez frites.

Nas grandes cidades alemãs, estas linguiças finas e vermelhas fazem parte da gama de alimentos do churrasco de veraneio, ao lado da Thüringer e da Bratwurst convencional. Como em Hamburgo até poucos anos atrás não era tão convencional comprar uma merguez sem encomendar antes, eu mesma me propus a fazer as linguiças. E foi um sucesso! A beleza de fazer sua própria linguiça é poder criar sua versão única e cheia de aromas e temperos.

MERGUEZ À LA MAISON

A compra mais importante naquela época foi o moedor de carne e o enchedor de linguiça para meu processador de alimentos, que facilita muito o processo de enchimento. As primeiras tentativas foram realizadas em trio na cozinha. Uma das minhas filhas abastecia o enchedor com a massa de linguiça, a outra operava a

máquina sob meu comando ("Ligue! Não, pare! Ligue de novo. Devagar, eu não estou acompanhando. Desligue, pare...") e eu tentava girar a tripa de ovelha recheada a cada 15 cm. No fim, as linguiças pareciam mesmo feitas em casa: algumas não tinham o comprimento de um dedo, outras estavam grandes demais, umas estavam muito cheias, outras, por sua vez, ficaram magrinhas... Mas o orgulho de nossas primeiras linguiças caseiras continuou grande e, por isso, relevamos tais detalhes. E ficamos muito satisfeitos com o sabor!

Antes de começar a encher as peles de linguiça, aconselho fritar um pequeno hambúrguer com a massa da linguiça. Assim, você poderá ajustar o sabor, se necessário: o recheio precisa de um pouco mais de sal? Falta um pouco de harissa? Ou talvez ainda uma pitada de Ras el Hanout, o tradicional tempero norte-africano com acentuado aroma floral?

A alegria de fazer linguiças, presente desde os primeiros exercícios, nunca deixou de existir. Tente você também! Convide alguns amigos ou vizinhos, acenda a churrasqueira e grelhe suas merguez caseiras – as saborosas linguiças serão muito apreciadas! Ah, o próximo verão que me aguarde!

IRRESISTÍVEIS: LINGUIÇAS CASEIRAS DIRETO DA GRELHA

MERGUEZ

LINGUIÇA DE CORDEIRO

Na França, as linguiças temperadas estão entre os produtos comuns oferecidos por todo boucher, *todo açougueiro, que se preze e preze sua* charcuterie. *Você poderá copiá-lo com esta receita!*

PARA APROXIMADAMENTE 16 UNIDADES

Tempo de preparo: aprox. 1h45
Tempo de refrigeração: ao todo aprox. 4h30
Por unidade: aprox. 95 kcal

500 g de carne bovina marmorizada
500 g de carne de cordeiro marmorizada (por exemplo, peito ou ombro)
1 colher (chá) de sementes de coentro
1 colher (chá) de sementes de cominho
1 colher (chá) de sementes de erva-doce
1 cebola grande
3-4 dentes de alho
1 colher (sopa) de páprica
1 colher (chá) de canela em pó
1-2 colheres (chá) de Ras el Hanout
2 colheres (sopa) de vinagre
1-2 colheres (sopa) de harissa
Sal marinho
2 m de tripa para linguiça (calibre 22/24, encomendar no açougue)
5 ramos de hortelã

Além disso:
Moedor de carne
Processador de alimentos com conjunto para linguiça ou saco de confeiteiro com bico médio
Azeite de oliva para fritar

1. Pique os dois tipos de carne em cubos grandes de aproximadamente 3 cm e coloque em uma tigela. Triture as sementes de coentro, cominho e erva-doce em tamanho médio no almofariz. Descasque a cebola e o alho, pique fino e adicione à carne, juntamente com as sementes trituradas, a páprica, a canela, o Ras el Hanout, o vinagre, a harissa e 2 ½ colheres (chá) de sal marinho. Misture vigorosamente com as mãos, cubra a tigela e leve à geladeira para marinar por 4 horas.

2. Hidrate a tripa de linguiça por 30 minutos em um recipiente com água gelada, enxaguando abundantemente em seguida.

3. Passe a carne marinada pelo moedor duas vezes no tamanho médio. Lave a hortelã, tire as folhas e pique bem fino. Adicione à massa de linguiça e bata vigorosamente na batedeira por 2 minutos até dar liga. Forme um bolinho de massa com as mãos úmidas e frite em um pouco de azeite. Experimente e ajuste os temperos, se necessário: a massa de linguiça cozida tem um sabor um pouco menos acentuado que a massa crua!

Coloque a pele de linguiça hidratada no orifício do conjunto para linguiça do processador de alimentos e feche a extremidade. Se você não tiver um processador de alimentos, coloque a massa de linguiça em um saco de confeiteiro com bico médio. Encha a pele de linguiça com quantidades iguais de massa (sem encher demais, senão elas estouram quando grelhadas!) e gire a pele algumas vezes a cada 15-20 cm para que o recheio não saia ao grelhar. Trabalhe deste modo até acabar a massa de linguiça. Leve as linguiças à geladeira por 30 minutos.

4. Aqueça o azeite em uma frigideira e frite as linguiças em fogo médio até dourar ou asse em fogo médio em uma churrasqueira com carvão vegetal.

CÔTES DE PORC AUX POMMES

BISTECA DE PORCO COM MAÇÃ

Calvados, sidra e crème fraîche juntos resultam em um molho tão gostoso que as suculentas bistecas quase ficam em segundo plano. Prepare um monte de baguetes para acompanhar!

PARA 4 PORÇÕES

Tempo de preparo: aprox. 40 minutos
Por porção: aprox. 795 kcal

4 colheres (sopa) de óleo para fritar
4 bistecas de porco bem marmorizadas e com osso (de aprox. 300 g cada)
Sal marinho | Pimenta
40 ml de calvados (schnapps de maçã)
2 chalotas
2 colheres (sopa) de manteiga
250 ml de sidra seca
250 ml de caldo de galinha
200 g de crème fraîche (ver nota na p. 44)
2 maçãs ácidas grandes
1 colher (sopa) de açúcar mascavo
1 colher (sopa) de folhas de manjerona

Além disso:
Fôrma refratária

1. Preaqueça o forno a 150°C. Em duas frigideiras, aqueça 1 colher (sopa) de óleo e sele bem uma bisteca em cada por 2-3 minutos. Vire as bistecas, tempere com sal e pimenta e frite por mais 2 minutos. Escorra quase todo o óleo, coloque 10 ml de calvados em cada frigideira e flambe brevemente. Retire as bistecas, coloque na fôrma refratária e asse na grelha do meio por aproximadamente 15 minutos.

2. Enquanto isso, descasque as chalotas e pique fino. Limpe as frigideiras e esquente 1 colher (sopa) de manteiga em uma delas. Doure os cubos de chalota. Regue com sidra, adicione o caldo de galinha e o crème fraîche. Ferva tudo em fogo baixo por 5-10 minutos e tempere com sal e pimenta.

3. Enquanto o molho estiver cozinhando, lave as maçãs, retire a parte das sementes e corte em tiras grossas. Na segunda frigideira, derreta o restante da manteiga e doure as tiras de maçã em fogo médio por aproximadamente 2 minutos. Polvilhe o açúcar mascavo e caramelize levemente. Adicione a manjerona e tampe para manter as maçãs quentes.

4. Retire as bistecas do forno e despeje o suco de carne no molho de sidra. Aqueça o molho e tempere com sal e pimenta. Coloque as bistecas e aqueça no molho por aproximadamente 3 minutos. Sirva as bistecas com o molho e as maçãs caramelizadas.

PISSALADIÈRE

BOLO PROVENÇAL DE CEBOLA

Já paguei por inúmeros pissaladières *com massa podre ou folheada, no bistrô, no* boulanger *ou em alguma* fête du village. *A seguir, minha versão do clássico do sul da França, muito apreciado por minha família!*

PARA 1 FÔRMA

Tempo de preparo: aprox. 1 hora
Tempo de descanso: aprox. 1 hora
Tempo de forno: aprox. 25 minutos
Por pedaço: aprox. 170 kcal
Rende 12 pedaços

Para a massa de fermento:
300 de farinha de trigo
10 g de fermento biológico
½ colher (chá) de açúcar refinado
Sal marinho
3 colheres (sopa) de azeite de oliva

Para a cobertura:
1 kg de cebolas
3 colheres (sopa) de azeite de oliva
6-8 ramos de segurelha e de tomilho
Sal marinho | Pimenta
50 g de filés de aliche em conserva
75 g de azeitonas pretas pequenas com caroço

Além disso:
Farinha para trabalhar
Óleo para untar

1. Para a massa de fermento, adicione a farinha em uma tigela, faça uma cavidade no meio e esfarele o fermento. Polvilhe com o açúcar. Sove o fermento com aproximadamente 200 ml de água morna e um pouco de farinha para formar uma pré-massa. Cubra com um pano de prato e deixe descansar em local quente por 15 minutos.

2. Enquanto isso, para a cobertura, descasque as cebolas, corte ao meio e em tiras finas. Aqueça o azeite em uma frigideira grande e doure as tiras de cebola em fogo baixo por 15-20 minutos, mexendo de vez em quando. Lave as ervas, tire as folhas de metade dos ramos e acrescente à cebola. Tempere com sal marinho e pimenta e reserve.

3. Adicione 1 colher (chá) de sal marinho e o azeite à massa fermentada. Bata tudo com o batedor da batedeira manual ou na batedeira até obter uma massa uniforme. Em seguida, sove a massa com as mãos em uma superfície de trabalho por mais 5 minutos até obter uma massa elástica. Coloque a massa na tigela, cubra com um pano de prato e deixe descansar por 1 hora em local quente até dobrar de tamanho.

4. Depois disso, aqueça o forno a 220°C. Unte uma assadeira. Sove a massa à mão novamente com um pouco de farinha e deixe descansar por 5 minutos. Abra a massa no tamanho da assadeira e coloque no recipiente. Despeje a cebola e o restante das ervas. Escorra os filés de aliche e adicione à cebola com as azeitonas. Asse a pissaladière na grelha do meio por aproximadamente 25 minutos até ficar crocante. Retire do forno e sirva quente.

BŒUF BOURGUIGNON

CARNE REFOGADA DA BORGONHA

Um bœuf *deste é uma refeição maravilhosa. A princípio, ele requer certo tempo de preparo, mas refoga-se (quase) sozinho. O que mais gosto como acompanhamento é um purê de batatas cremoso.*

PARA 4 PORÇÕES

Tempo de preparo: aprox. 45 minutos
Tempo de marinada: aprox. 12 horas
Tempo de forno: no mínimo 2h30
Por porção: aprox. 905 kcal

1 kg de carne bovina marmorizada para refogar (por exemplo, coxão duro; veja a dica) | 2-3 dentes de alho
2-3 ramos pequenos de tomilho
1 cebola grande | 2 folhas de louro
1 garrafa de um bom vinho tinto (da Borgonha) | 1 cenoura grande
3 colheres (sopa) de óleo | 1 colher (sopa) cheia de farinha
500 ml de caldo de carne | Sal marinho
Pimenta | 300 g de chalotas pequenas
100 g de bacon | 250 g de champignons pequenos | 30 g de manteiga
1 colher (sopa) de açúcar mascavo

MINHA DICA PRÁTICA

Peça a seu açougueiro uma carne boa para refogar. Para meu bœuf bourguignon *prefiro usar coxão duro, que tem fibras um pouco maiores e mais longas e é mais entremeado que a magra paleta de boi.*

1. Na noite anterior, corte a carne em cubos grandes de aproximadamente 6 x 6 cm e coloque em uma tigela. Descasque e esprema o alho. Descasque a cebola, pique grosseiramente e adicione à carne com o tomilho e o louro. Regue com o vinho tinto. Tampe a tigela e leve à geladeira para marinar durante a noite.

2. No dia seguinte, tire a carne da marinada, deixe escorrer e seque. Descasque a cenoura e pique em cubos pequenos.

3. Em uma caçarola, aqueça o óleo e salteie os cubos de carne de todos os lados em fogo alto por 4-6 minutos. Adicione a cenoura, polvilhe com a farinha e reduza tudo com um pouco do líquido da marinada. Despeje o restante da marinada com as cebolas, o louro, o tomilho e o caldo de carne. Tempere tudo com um pouco de sal e pimenta e ferva. Diminua o fogo e deixe a carne refogar com a caçarola tampada em fogo baixo por aproximadamente 2h30. Espete um garfo. Se ele sair com facilidade, a carne está cozida; se não, deixe a carne refogando por mais 30 minutos.

4. Enquanto isso, descasque as chalotas, corte o bacon em tiras finas e lave os champignons. Aqueça a manteiga em uma frigideira, doure as chalotas por aproximadamente 8 minutos. Polvilhe com açúcar e caramelize levemente. Acrescente o bacon e os champignons e deixe tudo cozinhando por mais 5 minutos.

5. Assim que a carne estiver assada, retire os pedaços do molho e reserve quente tampado. Adicione ao molho a mistura de champignon com o suco. Cozinhe por aproximadamente 5 minutos e tempere com sal e pimenta. Coloque a carne no molho e aqueça. Sirva com purê de batata ou tagliatelle.

LOUP DE MER EN CROÛTE DE SEL

ROBALO EM CROSTA DE SAL

Quer impressionar de verdade seus convidados? Voilà, *então tenho exatamente o que você precisa! Corte a crosta de sal na mesa, e até as pessoas mais versadas em culinária ficarão surpresas…*

PARA 4 PORÇÕES

Tempo de preparo: aprox. 30 minutos
Tempo de forno: 35-40 minutos
Por porção: aprox. 335 kcal

3 kg de sal grosso
3 claras
1 robalo (de aprox. 1,8 kg, pronto para preparar)
½ limão orgânico
1 dente de alho
4 talos de salsa
4 ramos de tomilho
Pimenta

Além disso:
Óleo para untar

1. Para a crosta de sal, em uma tigela grande misture o sal grosso com as claras de ovo. Adicione água fria lentamente até a massa tornar-se pastosa e moldável, sendo que ao todo serão 150-200 ml. Unte uma assadeira com óleo e coloque quase metade da massa de sal grosso no formato do peixe.

2. Preaqueça o forno a 200°C. Lave bem o peixe por dentro e por fora. Corte a barbatana dorsal e a cauda com uma tesoura de cozinha. Lave as metades de limão com água quente e corte em tiras finas. Descasque o alho e corte em rodelinhas. Lave e seque as ervas.

3. Recheie o interior do peixe com pimenta, limão, alho e as ervas e deite na cama de sal. Distribua o restante da massa de sal no peixe e, com as mãos umedecidas, molde na forma do peixe. Asse na grelha do meio por 35-40 minutos, dependendo do peso.

4. Retire a assadeira do forno. Corte ao redor da crosta de sal com uma faca de serra na altura da barbatana dorsal e tire a parte de cima como uma tampa. Retire a pele do peixe e solte o filé de cima com cuidado. Em seguida, tire a espinha e solte o filé de baixo também. Saboreie imediatamente!

MINHA DICA PRÁTICA

Se você quiser ter certeza de que o peixe está realmente assado, coloque um termômetro pela crosta de sal no meio do peixe. Assim que ele indicar 55-60°C, está assado.

O ORGULHO FRANCÊS: VIVE LE VIN!

Para mim, além de ser um belo par para uma boa refeição, o vinho também não pode ser desassociado da França. Talvez você já tenha percebido como é habitual un pichet *ou* une bouteille de vin*, ou seja, uma taça ou uma garrafa de vinho, estar presente no almoço dos franceses em um bistrô.*

Não importa se são trabalhadores em hora de almoço ou se é uma reunião de negócios – a garrafa de vinho faz parte da refeição tanto quanto a baguete, mas nunca chega ao fim, e nisso os alemães diferenciam-se bastante, pois sempre a esvaziam. Os franceses bebem uns golinhos durante o almoço e deixam na mesa meia garrafa cheia ao saírem do bistrô.

TOUR DU VIN

Quando andamos de carro por terras francesas, adoramos parar em adegas. Quase sempre vamos atrás de um *château* ou um *domaine* conhecido. Às vezes, porém, saímos espontaneamente da rota planejada após descobrirmos uma placa meio solta à beira da estrada. Nestas ocasiões, percorremos caminhos sinuosos até pararmos em uma adega que desperte nossa curiosidade. Nem sempre as ofertas são uma revelação, às vezes compramos apenas algumas garrafas por educação. Na maior parte dos casos, porém, saímos do porão de vinho carregados com muitas caixas. Já fizemos muitas descobertas dessa orma, e agora há algumas adegas nas quais passamos egularmente quando estamos nas proximidades. Entre ossas preferidas estão, por exemplo, *Mas d'Espanet* m Nîmes, a *Domaine Treloar* em Trouillas, próxima e Perpinhã, e a *Domaine Laporte* em Perpinhã.

LA DÉGUSTATION

ntes da compra do vinho há sempre a *dégustation*. a coisa fica realmente interessante quando os roprietários, madame ou monsieur, *le propriétaire*, ercebem que, além de dominarmos a língua francesa, ambém conhecemos um pouco sobre os vinhos ranceses. Frequentemente eles abrem as portas dos orões de vinho, onde ficam os grandes barris de metal u madeira, e nós ganhamos uma pequena introdução obre as particularidades da mercadoria e dos vinhos roduzidos. Em seguida, degustamos os vinhos, notamos mentalmente as características e tentamos uardar todas as informações ouvidas.

e você estiver passeando pelas cidades francesas, ecomendo fortemente uma visita às lojas de vinhos. elas você receberá sugestões competentes e quase empre pode experimentar diversos vinhos, o que, na ealidade, não facilita muito a escolha do vinho perfeito.

FAÇA COMO QUISER!

tempo das regras rígidas já passou. Há bastante empo o vinho branco não precisa mais ser servido penas com peixes e carnes brancas, e o vinho tinto om carne vermelha. O tipo de preparo dos pratos, a ituação e suas preferências pessoais também devem er levados em consideração –tudo o que você gosta permitido! Assim: *À votre santé!*

UMA BOA REFEIÇÃO COMBINA COM UM BOM VINHO – SIMPLES ASSIM!

STEAK FRITES

BIFE COM BATATA FRITA

Apesar de minha forte afinidade com a França, continuo não compartilhando da preferência de muitos franceses pelo bife quase cru, bleu *ou* saignant, *mas a imprescindível combinação clássica de bistrô não poderia faltar aqui!*

PARA 4 PORÇÕES

Tempo de preparo: aprox. 40 minutos
Por porção: aprox. 635 kcal

Para as batatas fritas:
1 kg de batatas farinhentas
1 litro de óleo para fritar (por exemplo, óleo de amendoim)
Sal marinho

Para os bifes:
4 entrecôtes (bife ancho) de aprox. 200 g cada
Sal marinho | Pimenta
2 colheres (sopa) de azeite de oliva
2 colheres (sopa) de manteiga

Além disso:
Mostarda, maionese ou ketchup para servir (opcional)

1. Para as batatas fritas, descasque as batatas, corte em palitos de quase 1 cm de largura e coloque em água com gelo. Para fritar, esquente o óleo a 160°C em uma panela alta. (O teste: coloque um palito de batata no óleo. Se bolhas grandes e sibilantes surgirem, o óleo está quente o suficiente.)

2. Retire os palitos de batata da água com gelo, coloque em um pano de prato e seque bem. Frite aos poucos no óleo quente por aproximadamente 4 minutos, até ficarem amarelo claro. Retire com uma escumadeira, deixe escorrer e coloque em uma assadeira. Pré-frite todos os palitos de batata, aquecendo o óleo de novo durante o processo.

3. Agora esquente o óleo a 190°C. (O teste: ao colocar um palito de batata pré-frito, o óleo deve espirrar bastante.) Frite as batatas pela segunda vez até ficarem douradas e crocantes. Retire as batatas fritas prontas, deixe escorrer e tempere com sal.

4. Enquanto frita as batatas, seque a carne e tempere bem com sal e pimenta. Esquente o azeite em outra frigideira, coloque os bifes e sele bem por aproximadamente 1 minuto de cada lado. Diminua o fogo. Adicione a manteiga e frite mais um pouco por 2-3 minutos de cada lado – de acordo com o ponto desejado (veja a dica). Regue diversas vezes com mais manteiga, conforme for ficando cada vez mais marrom.

5. Sirva os bifes com as batatas fritas e, se desejar, com mostarda, maionese ou ketchup.

MINHA DICA PRÁTICA

*Faça o teste do dedão: um bife ao ponto (*à point*) cede à pressão do dedão no meio, mas fica nitidamente mais firme nas pontas.*

COQ AU VIN

FRANGO AO VINHO TINTO

Apesar de a receita francesa original exigir o galo, preferimos um frango de corte jovem e carnudo – de um criadouro ao ar livre ou orgânico, é claro!

PARA 4 PORÇÕES

Tempo de preparo: aprox. 1h45
Por porção: aprox. 980 kcal

1 frango de corte jovem grande (aprox. 1,8 kg, cortado pelo açougueiro em 8 pedaços)
2 colheres (sopa) de óleo
1 colher (sopa) cheia de farinha
1 garrafa de um bom vinho tinto (da Borgonha; veja a dica)
500 ml de caldo de galinha
1 cebola grande | 100 g de aipo-rábano
2 cenouras | 10 ramos de tomilho
2 folhas de louro
Sal marinho | Pimenta
250 g de cebolas-pérola
100 g de bacon
250 g de champignons pequenos
30 g de manteiga | 1 colher (sopa) de extrato de tomate
1-2 pitadas de açúcar | ½ maço de salsa

MINHA DICA PRÁTICA

Não, não precisa ser o melhor vinho, nem o mais caro, uma vez que você o usará para refogar, mas não deixe de escolher um bom vinho tinto – o refinado molho agradecerá!

1. Lave os pedaços de frango com água fria e seque bem. Aqueça o óleo em uma caçarola grande. Doure os pedaços de frango uniformemente por aproximadamente 8 minutos. Polvilhe a farinha. Regue tudo com uma boa dose de vinho tinto. Ferva o vinho e, em seguida, adicione o vinho restante e o caldo de galinha e ferva tudo.

2. Descasque a cebola e pique grosseiramente. Descasque o aipo e as cenouras e pique em cubos pequenos. Lave e seque o tomilho. Coloque na caçarola a cebola, a cenoura e o aipo, bem como 5 ramos de tomilho e as folhas de louro. Tempere tudo com sal e pimenta e refogue tampado em fogo baixo por aproximadamente 1h15.

3. Enquanto isso, branqueie as cebolas-pérola e descasque. Corte as tiras de bacon em fatias finas. Lave os champignons. Aqueça a manteiga em uma frigideira e doure a cebola por aproximadamente 7 minutos. Adicione o bacon e o champignon e salteie tudo por mais 5 minutos. Tempere com pimenta e reserve quente tampado.

4. Retire os pedaços de frango refogados do molho e reserve tampado. Adicione ao molho a mistura de champignons com suco e o extrato de tomate. Ferva tudo até o molho ficar levemente cremoso. Tempere com sal marinho, pimenta e açúcar. Coloque os pedaços de frango novamente no molho e aqueça mais um pouco.

5. Lave a salsa, tire as folhas e pique grosseiramente. Tire as folhas de tomilho dos ramos restantes e polvilhe na carne com a salsa. Sirva quente o frango ao vinho tinto.

LES TARTES FLAMBÉES

FLAMMKUCHEN

A MASSA DE FERMENTO CROCANTE DEVE SER FININHA, POIS É A BASE PARA TODO O TIPO DE COBERTURAS DELICIOSAS. CORTADAS EM PEDAÇOS, AS TARTES FLAMBÉES TAMBÉM PODEM SER COMIDAS COM AS MÃOS – UM PRAZER RÚSTICO!

TARTE FLAMBÉE AUX OIGNONS ET LARDONS

FLAMMKUCHEN COM CEBOLA E BACON

Gosto de comer a versão alsaciana da pizza, tradicionalmente coberta por uma gostosa camada de cebola e bacon, durante o ano inteiro. As variantes sazonais alternam meu repertório da iguaria.

PARA 6 UNIDADES

Tempo de preparo: aprox. 50 minutos
Tempo de descanso: aprox. 1 hora
Tempo de forno: 2x 12-15 minutos
Por unidade: aprox. 710 kcal

Para a massa:
375 g de farinha de trigo
125 g de farinha de centeio
20 g de fermento biológico
½ colher (chá) de açúcar refinado
2 colheres (sopa) de óleo de canola
Sal marinho

Para a cobertura:
400 g de cebolas
2 colheres (sopa) de óleo de canola
200 g de bacon (em fatias de 5 mm de espessura)
200 g de sour cream
200 g de coalhada
Sal marinho | Pimenta

Além disso:
Farinha para trabalhar
Óleo para untar

1. Coloque os dois tipos de farinha em uma tigela, faça uma cavidade no meio e esfarele o fermento. Polvilhe com açúcar e sove com 150 ml de água morna para obter a pré-massa. Deixe descansar tampado por 15 minutos em um local quente.

2. Em seguida, adicione à pré-massa 150 ml de água morna, o óleo e 1 colher (chá) cheia de sal marinho, batendo tudo na batedeira até obter uma massa uniforme. Depois sove bem a massa com as mãos em uma superfície enfarinhada por mais 5 minutos até obter uma massa elástica. Devolva a massa para a tigela, cubra com um pano de prato e deixe descansar por mais 45 minutos em um ambiente quente até dobrar de tamanho.

3. Enquanto isso, para a cobertura, descasque as cebolas, corte ao meio e em tiras finas. Doure no óleo em fogo médio por 5-10 minutos. Tire a frigideira do fogo. Corte o bacon em tiras finas. Misture o sour cream e a coalhada com um pouco de sal marinho e pimenta.

4. Preaqueça o forno a 230°C. Sove a massa em um pouco de farinha, divida em 6 porções e abra cada uma em um disco fino de 2-3 mm de espessura. Unte duas assadeiras e coloque 3 discos em cada uma. Passe o creme de coalhada e cubra com cebola, bacon e pimenta. Leve ao fogo uma assadeira por vez na grelha de baixo por 12-15 minutos até ficarem crocantes e douradas. Sirva logo em seguida.

FLAMMKUCHEN COM ASPARGOS E ALHO SELVAGEM

PARA 6 UNIDADES

Tempo de preparo: aprox. 50 minutos
Tempo de descanso: aprox. 1 hora
Tempo de forno: 2x 12-15 minutos
Por unidade: aprox. 605 kcal

Ingredientes da massa na receita base à esquerda

Para a cobertura:
750 g de aspargos brancos (os mais finos possível)
Sal marinho
1 maço de alho selvagem
200 g de sour cream
200 g de coalhada
1 colher (chá) de raspas de limão
Pimenta
40 g de pinoli
125 g de gruyère ou queijo da montanha

1. Prepare a massa de fermento como descrito na receita base e deixe descansar. Enquanto isso, ferva água com sal em uma panela para os aspargos. Lave os aspargos, corte as extremidades fibrosas e descasque. Coloque os aspargos na água fervente, ferva por 5 minutos, tire e escorra bem. Lave o alho selvagem e corte em tiras finas. Misture com o sour cream, a coalhada, as cascas de limão e um pouco de sal marinho e pimenta.

2. Preaqueça o forno a 230°C. Sove a massa em um pouco de farinha, divida em 6 porções e abra cada uma em um disco fino de 2-3 mm de espessura. Unte duas assadeiras e coloque 3 discos em cada uma. Passe o creme de coalhada, cubra com os aspargos e salpique os pinoli. Rale fino o queijo e salpique. Asse como descrito na receita base e sirva logo em seguida.

FLAMMKUCHEN COM ABÓBORA E ROQUEFORT

PARA 6 UNIDADES

Tempo de preparo: aprox. 40 minutos
Tempo de descanso: aprox. 1 hora
Tempo de forno: 2x 12-15 minutos
Por unidade: aprox. 605 kcal

Ingredientes da massa na receita base à esquerda

Para a cobertura:
600 g de abóbora Hokkaido
4 colheres (sopa) de azeite de oliva
Sal marinho | Pimenta
1-2 dentes de alho
200 g de sour cream | 200 g de coalhada
150 g de roquefort
3-4 ramos de tomilho
3 colheres (sopa) de sementes de abóbora

1. Prepare a massa de fermento como descrito na receita base e deixe descansar. Enquanto isso, retire a polpa mole da abóbora e corte a abóbora descascada em fatias finas de aproximadamente 1 cm de espessura. Esquente o azeite em uma frigideira e salteie as fatias de abóbora dos dois lados por 2-3 minutos. Tempere com sal e pimenta. Descasque o alho. Misture o sour cream e a coalhada, esprema o alho e tempere tudo com sal marinho e pimenta.

2. Preaqueça o forno a 230°C. Sove a massa em um pouco de farinha, divida em 6 porções e abra cada uma em um disco fino de 2-3 mm de espessura. Unte duas assadeiras e coloque 3 discos em cada uma. Passe o creme de coalhada e cubra com as fatias de abóbora. Corte o roquefort em pedacinhos e espalhe por cima. Lave o tomilho, seque e distribua. Tempere com pimenta. Polvilhe com as sementes de abóbora. Asse como descrito na receita base e sirva logo em seguida.

LE FROMAGE: MINHA ALEGRIA COM QUEIJOS

Desde criança já sei a diferença entre o cream cheese, carinhosamente chamado de "Phili", e o queijo em fatias, sendo que aprendi aos poucos e ainda jovem o que o termo geral "queijo" abarca. As ocasiões eram – como você já deve imaginar – as viagens de férias à paradisíaca terra dos queijos. Aprendi a apreciar a tríade queijo/baguete/vinho tinto, seja com outros estudantes de idiomas, sentados às margens do Sena parisiense, ou andando de bicicleta pela Bretanha.

A grande descoberta, no entanto, veio quando, após a conclusão do ensino médio, morei por algumas semanas em Paris com uma francesa viajante que um sábado me levou para fazer compras em sua loja de queijos preferida. O cheiro dominou-me logo que entrei, e a quantidade imensa de produtos oferecidos veio logo em seguida. O *fromager* contou sobre os tipos de queijo que tinha. Começou com os sabores, depois a região, o nível de maturação e o vinho adequado. Ele pegou um queijo, depois outro, deu para a madame experimentar, ela provou, pensou, conversou com ele – e minha surpresa não acabava mais. O mundo dos queijos ficou maior de repente. Uma loja que vende apenas queijos? Até aquele momento, eu não conhecia aquilo.

MEU PARAÍSO!

Desde essa experiência, meu amor por queijos nunca me abandonou. Antes de começar a faculdade, trabalhei por alguns meses em uma loja de queijos. Com mais de 200 tipos de queijos no estoque, aquilo

era o paraíso para mim. Quando estudava, preferia gastar meu pouco dinheiro em uma loja de queijos do que em cafeterias, como faziam minhas colegas. E ainda hoje deixo bastantes *sois* no vendedor de queijos, desfruto da grande oferta de queijos não pasteurizados, das sugestões de especialistas e do ponto dos tipos de queijo maturados. Longe da terra número 1 dos queijos, a Alemanha também me deixa bastante satisfeita – e feliz, *bien sûr!*

SÓ QUEIJO? MARAVILHA!

Isso não impede que eu continue curiosa a respeito de tudo que se relaciona com queijos durante nossas viagens pela França: visitamos as *causses*, as cavernas nas quais o roquefort é maturado, participamos de passeios por criações de cabras nas Cevenas, onde os pequenos *pélardons* são produzidos, e experimentamos especialidades locais como o *aligot*, o purê cremoso de queijo e batata da Auvérnia.

O que mantive desde a juventude? Até hoje é possível me deixar feliz com a tríade queijo/baguete/vinho tinto. Mas agora precisa ser com um queijo não pasteurizado maturado, uma baguete crocante de massa lêveda e um vinho tinto realmente bom!

UM BOM QUEIJO NÃO PASTEURIZADO MATURADO – SÍMBOLO DA CULTURA CULINÁRIA FRANCESA

LES DESSERTS

MOELLEUX AU CHOCOLAT · **ÉCLAIRS AU CAFÉ** · CRÉMET AUX BAIES ROUGES · **PARFAIT AU MIEL, LAURIER ET PÊCHES** · MOUSSE AU CHOCOLAT AMER · MACARONS AU CITRON **CRÊPES ET POMMES AU CARAMEL SALÉ** · MOUSSE AU CITRON CRÈME BRÛLÉE · **SORBET DE CASSIS AU THYM** ET PLUS...

MOELLEUX AU CHOCOLAT

BOLINHOS QUENTES DE CHOCOLATE

Os suculentos bolinhos são de matar: todo de chocolate, por fora açucarado e crocante, por dentro cremoso – seu sabor é insuperável mesmo sem o acompanhamento de pera!

PARA 6 PORÇÕES

Tempo de preparo: aprox. 50 minutos
Tempo de forno: aprox. 10 minutos
Por porção: aprox. 540 kcal

Para os bolinhos de chocolate:
200 g de chocolate amargo (aprox. 70% de cacau)
100 g de manteiga | 3 ovos médios
100 g de açúcar de confeiteiro
Sal marinho | 60 g de farinha de trigo

Para as peras ao vinho tinto:
50 g de açúcar refinado | ½ garrafa de vinho tinto | 1 pau de canela
3 peras maduras pequenas
1 fava de baunilha raspada (opcional)
2 colheres (chá) de amido de milho

Além disso:
6 forminhas ou xícaras refratárias (de aprox. 125 ml cada)
Manteiga para untar

MINHA DICA PRÁTICA

Para uma descontraída refeição com convidados, você pode colocar a massa nas forminhas algumas horas antes e deixar tampado na geladeira.

1. Para os bolinhos de chocolate, quebre o chocolate em pedacinhos, pique a manteiga em cubos e derreta ambos em uma tigela em banho-maria. Retire a mistura de chocolate do banho-maria e espere amornar.

2. Com a batedeira manual, bata os ovos, o açúcar de confeiteiro e uma pitada de sal marinho até formar uma espuma. Adicione mexendo primeiro o creme de chocolate morno e depois a farinha. Unte bem as forminhas ou xícaras com manteiga. Despeje a massa e deixe esfriar tampado.

3. Para as peras ao vinho tinto, derreta o açúcar em fogo baixo até ficar levemente dourado. Adicione o vinho tinto e dissolva o caramelo. Descasque as peras, corte em quatro, tire as sementes e corte em tiras grossas. Acrescente a pera, o pau de canela e a fava de baunilha, se desejar, no vinho tinto. Cozinhe em fogo baixo por 3-5 minutos até as peras amolecerem, sem desmanchar. Retire as peras do suco de vinho tinto.

4. Faça uma mistura homogênea com o amido de milho e 2 colheres (sopa) de água fria, e despeje aos poucos no suco de vinho tinto. Coloque as peras de volta no suco e deixe esfriar.

5. Para servir, preaqueça o forno a 200°C. Asse os bolinhos nas forminhas na grelha do meio por aproximadamente 10 minutos. Eles estarão prontos, mesmo se ainda parecerem bem moles! Desenforme os bolinhos e coloque com cuidado em um prato. Adicione as peras ao vinho tinto com um pouco de suco e sirva morno.

ÉCLAIRS AU CAFÉ

BOMBA COM CREME DE CAFÉ

Foi nossa filha mais velha quem me passou a predileção por bombas: desde que ela provou diversas bombas de baunilha e chocolate em nossas idas à confeitaria, eu também tomei gosto pela coisa. A que mais gosto é esta variante de café.

PARA 10 UNIDADES

Tempo de preparo: aprox. 1 hora
Tempo de forno: 20-25 minutos
Por unidade: aprox. 245 kcal

Para o creme de café:
175 ml de leite integral
100 g de creme de leite
2 ovos médios
50 g de açúcar refinado
30 g de amido de milho
30 g de manteiga
50 ml de café expresso

Para a massa choux:
50 ml de leite integral
40 g de manteiga
1 colher (chá) de açúcar refinado
Sal marinho
75 g de farinha de trigo
3 ovos médios

Para a cobertura:
125 g de açúcar de confeiteiro
1-2 colheres (sopa) de café expresso

Além disso:
Saco de confeiteiro com bicos pequeno e largo
Papel-manteiga

1. Para o creme de café, esquente o leite e o creme de leite. Bata vigorosamente os ovos, o açúcar e o amido de milho. Adicione mexendo a mistura de leite quente e despeje de volta na panela. Esquente mexendo até o creme engrossar. Adicione a manteiga e o café expresso e, em seguida, coloque o creme em uma tigela passando por uma peneira. Cubra com filme plástico e deixe esfriar completamente.

2. Enquanto isso, para a massa choux ferva o leite, 50 ml de água, a manteiga, o açúcar e uma pitada generosa de sal marinho. Retire a panela do fogo e adicione a farinha de uma vez. Misture vigorosa e imediatamente com uma colher de pau e leve a panela de volta ao fogo. Mexa a massa em fogo médio até ficar uniforme e uma camada branca formar-se no fundo da panela. Despeje a massa em uma tigela e deixe esfriar um pouco. Em seguida, adicione os ovos um por vez mexendo vigorosamente com o batedor até obter uma massa uniforme e brilhosa.

3. Preaqueça o forno a 220°C. Coloque a massa choux em um saco de confeiteiro com bico largo. Cubra uma assadeira com papel-manteiga. Coloque a massa formando tiras de aproximadamente 10 cm com as bordas mais grossas e mantendo certa distância entre elas. Asse as bombas na grelha do meio por aproximadamente 5 minutos sem abrir a porta do forno. Diminua a temperatura do forno para 180°C e asse as bombas por mais 15-20 minutos até ficarem levemente douradas. Retire e deixe esfriar em uma grade para resfriar bolo.

4. Coloque o creme de café em um saco de confeiteiro com bico pequeno. Fure as bombas pelo lado de baixo em três locais com o bico do saco e recheie com o creme de maneira uniforme. Para a cobertura, bata bem o açúcar de confeiteiro e o café expresso, pincele a parte de cima das bombas e espere a cobertura endurecer.

CRÉMET AUX BAIES ROUGES

PINGO DE CRÈME FRAÎCHE COM FRUTAS VERMELHAS

Esta refrescante sobremesa de verão encontra espaço mesmo depois de uma refeição farta. Prefiro fazer minha variante do crémet *sem clara em neve, deixando o creme um pouco mais firme que a variante clássica, mas não menos saborosa!*

PARA 4 PORÇÕES

Tempo de preparo: aprox. 40 minutos
Tempo de resfriamento: no mínimo 4 horas
Por porção: aprox. 340 kcal

Para o creme:
1 fava de baunilha
500 g de iogurte integral
150 g de crème fraîche (ver nota na p. 44)
25 g de açúcar de confeiteiro

Para as frutas vermelhas e para decorar:
200 g de morango | 150 g de framboesa
1 ½ colher (sopa) de açúcar de confeiteiro
1 colher (sopa) de suco de limão fresco
300 g de mix frutas vermelhas frescas para decorar
1 colher (sopa) de pistache sem sal
Folhas de ervas para decorar (verbena-limão, manjericão, hortelã ou melissa)

Além disso:
1 coador de pano (pano para fazer queijo)

1. Para os pingos, corte a fava de baunilha ao meio no sentido longitudinal e raspe as sementes. Misture bem o iogurte e o crème fraîche com as sementes de baunilha e o açúcar de confeiteiro.

2. Cubra uma peneira com o coador de pano e coloque sobre uma tigela. Despeje o creme e dobre as extremidades do coador. Leve à geladeira para escorrer por no mínimo 4 horas.

3. Para a calda de frutas vermelhas, escolha os morangos e as framboesas. Lave os morangos e pique em pedaços pequenos. Coloque os morangos e as framboesas em um copo alto com 1 colher (sopa) de açúcar de confeiteiro e o suco de limão e triture com um mixer. Em seguida, passe por uma peneira.

4. Separe as frutas vermelhas frescas misturadas para decorar. Triture o pistache.

5. Tire o creme firme do coador de pano. Com a ajuda de duas colheres, forme quatro pingos com o creme e coloque no prato (ou coloque em taças de sobremesa com uma colher). Adicione as frutas vermelhas frescas misturadas e a calda de frutas vermelhas. Polvilhe com o pistache triturado e o açúcar de confeiteiro restante e sirva a sobremesa decorada com as folhas de ervas.

MINHA DICA DE DECORAÇÃO

Le crémet *também fica bonito se você colocar o creme firme em forminhas decorativas de silicone (como forminhas de cupcake, coração etc.) e desenformar no prato.*

GRATIN DE BRIOCHE ET RHUBARBE

GRATINADO DE BRIOCHE DE RUIBARBO

O gratinado de brioche representa para os franceses o mesmo que a torta de pão com maçã e amêndoas é para os suábios. O uso de pão amanhecido aparece nas duas receitas, mas a variante francesa com creme de leite e baunilha é um pouco menos básica...

PARA 4 PORÇÕES

Tempo de preparo: aprox. 1 hora
Tempo de forno: aprox. 20 minutos
Por porção: aprox. 535 kcal

Para o gratinado:
125 g de brioche (do dia anterior ou mais velho)
150 g de ruibarbo | 1 fava de baunilha
125 g de creme de leite | 125 ml de leite
3 ovos médios | Sal marinho
50 g de açúcar refinado
25 g de lascas de amêndoas
Açúcar de confeiteiro para polvilhar

Para a calda de baunilha:
5 gemas médias | 500 ml de leite
1 colher (sopa) cheia de amido de milho
2 colheres (sopa) de açúcar refinado
1-2 colheres (sopa) de rum (opcional)

Além disso:
4 forminhas de suflê ou xícaras largas refratárias (de aprox. 150 ml cada)
Manteiga para untar

1. Para o gratinado, corte os brioches em rodelas finas. Lave os talos do ruibarbo e corte em pedaços pequenos de 1 cm. Corte a fava de baunilha ao meio no sentido longitudinal e raspe as sementes.

2. Misture o creme de leite, o leite, os ovos, uma pitada de sal marinho, metade das sementes de baunilha e o açúcar. Reserve o restante das sementes de baunilha e a fava para a calda. Unte as forminhas ou xícaras. Coloque o brioche e o ruibarbo, regue com a mistura de ovos e deixe descansar por 30 minutos.

3. Enquanto isso, para a calda de baunilha, misture bem as gemas com 4 colheres (sopa) de leite e o amido de milho. Ferva o restante do leite e das sementes de baunilha com a fava de baunilha e o açúcar. Adicione a mistura de gemas e amido de milho batendo com um fouet e ferva tudo novamente mexendo sempre. Cubra com o filme plástico tocando diretamente a calda. (Evitando, assim, que se forme uma película.) Deixe a calda esfriar. Retire a fava de baunilha e adicione o rum, se desejar.

4. Preaqueça o forno a 200°C. Polvilhe a mistura de brioche nas forminhas com as lascas de amêndoas. Asse na grelha do meio por aproximadamente 20 minutos até dourar, cobrindo com papel-alumínio, se necessário. Retire as forminhas do forno e deixe esfriar por 5 minutos. Desenforme e polvilhe o açúcar de confeiteiro. Sirva os pequenos gratinados com a calda de baunilha.

MINHA DICA PRÁTICA

Você também pode fazer o gratinado em uma fôrma grande. O tempo de forno, neste caso, aumenta aproximadamente 15 minutos.

origine
Un franc

PARFAIT AU MIEL, LAURIER ET PÊCHES

PARFAIT DE MEL E LOURO COM PÊSSEGO

Por muitos anos tive no jardim um frondoso arbusto de louro, até ele ser vítima de um inverno gelado. Agora eu trago ramos do sul da França – lá cresce louro de monte às margens das florestas.

PARA 1 FÔRMA DE PÃO (25 CM DE COMPRIMENTO)

Tempo de preparo: aprox. 1h10
Tempo de congelamento: no mínimo 5 horas
Por porção: aprox. 320 kcal
Rende 8 porções

Para o parfait:
150 g de um mel silvestre
5 folhas de louro fresco
1 fava de baunilha | 2 ovos médios
4 gemas | 20 g de açúcar refinado
400 g de creme de leite

Para os pêssegos:
4 pêssegos maduros (brancos ou amarelos)
250 ml de vinho branco seco ou suco de maçã | 50 g de mel silvestre
1 pedaço pequeno de casca de limão (aprox. 5 cm)

MINHA DICA AROMÁTICA

Polvilhe a sobremesa com pinoli levemente tostados e caramelizados, pistache sem sal ou outras castanhas que dão um toque elegante!

1. Para o parfait, esquente o mel e as folhas de louro em uma panela pequena, tire a panela do fogo e deixe a mistura de mel descansar por 20 minutos. Cubra a fôrma de pão com filme plástico, deixando sobrar um pouco para fora.

2. Corte a fava de baunilha ao meio no sentido longitudinal e raspe as sementes. Reserve a fava para os pêssegos. Coloque os ovos, as gemas e o açúcar em uma tigela de batedeira de aço inoxidável com fundo redondo. Tire as folhas de louro do mel e despeje o mel na tigela. Leve a banho-maria e bata a massa com um fouet até obter uma espuma grossa.

3. Tire a tigela do banho-maria e continue batendo a espuma até esfriar. Bata o creme de leite até engrossar e adicione com cuidado à espuma. Despeje o creme na fôrma de pão e leve ao congelador por no mínimo 5 horas (ou da noite para o dia).

4. Coloque os pêssegos em uma tigela e acrescente água fervente, deixe descansar um pouco e dê um choque térmico. Descasque os pêssegos e corte em tiras grossas.

5. Aqueça o vinho ou o suco, a fava de baunilha raspada, o mel e a casca de limão. Adicione as tiras de pêssego e cozinhe por 2-4 minutos até ficarem macias, mas sem desmanchar, e retire do suco com uma escumadeira. Faça uma redução do suco até a metade. Retire a fava de baunilha e a casca de limão. Adicione as tiras de pêssego novamente e deixe esfriar no suco.

6. Tire o parfait do congelador cerca de 20 minutos antes de servir e deixe descongelar na geladeira. Desenforme o parfait com a ajuda do filme plástico, corte em fatias e sirva com os pêssegos e um pouco de suco.

MOUSSE AU CHOCOLAT AMER

MUSSE DE CHOCOLATE AMARGO

Ela é deliciosamente espessa e cremosa e, por isso, minha musse de chocolate preferida. Você pode aromatizá-la com 1-2 colheres (sopa) de conhaque ou polvilhar com lascas de cacau torrado.

PARA 4-6 PORÇÕES

Tempo de preparo: aprox. 50 minutos
Tempo de refrigeração: no mínimo 3 horas
Por porção de 6 porções: aprox. 405 kcal

Para a musse:
150 g de chocolate amargo (veja a dica)
25 g de manteiga
1 ovo médio
1 gema | Sal marinho
1 colher (chá) de açúcar refinado
250 g de creme de leite

Para a calda:
8 maracujás maduros
50 g de açúcar refinado
1 colher (sopa) cheia de mel de acácia

MINHA DICA AROMÁTICA

Quanto mais escuro for o chocolate, mais amarga será a musse. Para fazer a mousse un vrai délice, *uma verdadeira iguaria, opte por um chocolate de alta qualidade, de uma marca confiável. A porcentagem de cacau deve ser entre 65 e 70%.*

1. Pique fino o chocolate. Derreta lentamente mexendo com a manteiga em fogo baixo em uma panela pequena, retire a panela do fogo e deixe a mistura de chocolate esfriar um pouco.

2. Misture o ovo, a gema, uma pitada de sal marinho e o açúcar em uma tigela de batedeira com fundo redondo. Bata a mistura vigorosamente com um fouet a banho-maria até a espuma de ovos ficar espessa e cremosa. Tire a tigela do banho-maria e continue batendo mais um pouco até amornar. Em seguida, adicione a mistura de chocolate morna na espuma de ovos. (A espuma diminuirá um pouco.)

3. Bata o creme de leite até engrossar e adicione lentamente ao creme de chocolate em duas porções. Despeje a musse em taças, cubra com filme plástico e leve à geladeira por no mínimo 3 horas até ficar firme.

4. Corte os maracujás ao meio para a calda. Raspe a polpa com as sementes. Despeje em uma panela pequena com o açúcar e o mel, espere ferver e coloque em um copo alto. Triture um pouco com o mixer e passe por uma peneira. Pegue 1 colher (sopa) de sementes da peneira e coloque na calda. Espere a calda esfriar e regue na musse pouco antes de servir.

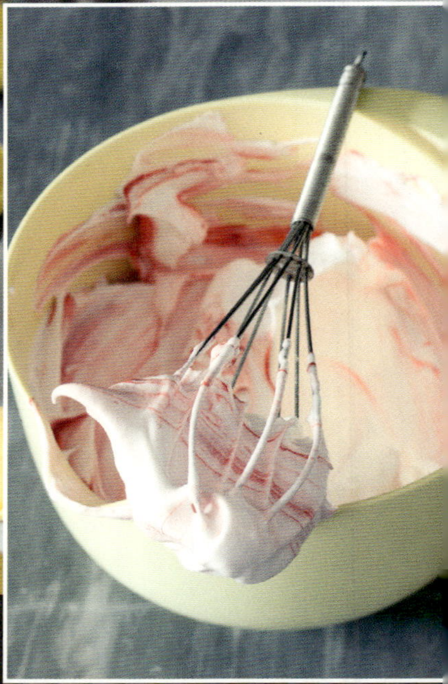

AH, LES MACARONS – JE LES AIME!

Eles são inevitavelmente relacionados com as estrelas das confeitarias de Paris, os amuse-brouches *açucarados e requintados: apesar de Fauchon ser reverenciado como o redescobridor dos* macarons, *o legendário Hermé é considerado o confeiteiro mais criativo de* toute la France.

Assim como a maioria das mulheres, eu também me apaixonei imediatamente pelas pequenas guloseimas chiques, bonitas e coloridas. Minhas amigas e eu debatemos com paixão sobre qual confeitaria de Paris tem as melhores criações. Ao oferecer-lhes meus macarons, elas entram em verdadeiro êxtase, devoram os docinhos com dedicação e só param quando todos tiverem acabado. Meu monsieur, no entanto, reage de

Ele pega alguns dos macarons, diz que "ficaram muito bons", mas sua empolgação tem limites. Minhas meninas e eu não achamos nada mau, pois assim sobram mais docinhos tentadores de amêndoas para nós.

O SEGREDO DOS BONS MACARONS

A francesa escondida em mim torce o nariz para esta vil comparação – um macaron não é um simples docinho de amêndoas, mesmo que os ingredientes sejam exatamente os mesmos: amêndoas picadas, clara e açúcar – *c'est tout!* A diferença está no recheio

DELICADO, MAS CAPRICHOSO!

As amêndoas já picadas devem ser trituradas ainda mais e passadas por uma peneira. Por quê? Somente assim a superfície fica lisa e uniforme. De forma alguma as claras devem estar geladas, mas precisam ser armazenadas por pelo menos um dia em temperatura ambiente, preferencialmente por dois dias ou mais. Por quê? Apenas assim os macarons não racham no forno. Como você pode ver, um macaron é muito mais caprichoso que um docinho de amêndoa ou coco. Além disso, seu preparo não é recomendável para os descoordenados, os sonolentos ou os impacientes. Falo por experiência própria...

DICAS DA MINHA CONFEITARIA

Vamos exercitar a paciência. Aliás, já alertei que os macarons recheados precisam passar uma noite em um recipiente plástico com tampa na geladeira antes de serem atacados? Não? Pois bem, então agora você já sabe. O segredo de um bom macaron é a combinação da casca leve e crocante com o recheio molhadinho e macio – e isto requer tempo. Se você gosta de cozinhar com antecedência, prepare a casca de merengue com antecedência e congele-a em sacos. Elas descongelam em poucos minutos e podem ser recheadas em seguida. E mesmo se você já tiver lido isso em algum lugar: não vale a pena congelar macarons recheados, pois ficam de moles a borrachentos quando descongelados. Agora lhe desejo *bon courage*, boa sorte, e *bon macaronnage* – como é chamada a mistura de pó de amêndoas com a clara em neve.

NÃO RECOMENDADO PARA IMPACIENTES, MAS PARA AQUELES QUE SÃO VERDADEIRAS FORMIGAS!

LES MACARONS FINS

MACARONS FINOS

ADOCICADOS E COLORIDOS, OS MACARONS SÃO ENCONTRADOS EM MUITAS CONFEITARIAS. MOSTRO NAS PRÓXIMAS PÁGINAS COMO TUDO SE BASEIA EM MENOS AÇÚCAR E NO DELICADO EQUILÍBRIO ENTRE A CASCA DOCE E O INTERIOR FRUTADO.

MACARONS AU CITRON

MACARONS DE LIMÃO

Gosto de meus macarons assim: massa de amêndoas doce e creme levemente azedo! Se você estiver com pressa, pode rechear as cascas de merengue com (um bom!) lemon curd.

PARA 20 UNIDADES

Tempo de preparo: aprox. 1h15
Tempo de forno: aprox. 14 minutos
Tempo de descanso: aprox. 12 horas
Por unidade: aprox. 95 kcal

Para as cascas de merengue:

80 g de amêndoas sem casca trituradas
135 g de açúcar de confeiteiro
60 g de claras de ovo (de aprox. 2 ovos; deixar em temperatura ambiente desde o dia anterior; veja a página 163)
Sal marinho | 1 colher (chá) de suco de limão | 5 g de açúcar refinado
1 pitada de corante alimentício amarelo (pasta)

Para o creme de limão:

½ folha de gelatina branca
1 ovo médio | 50 g de açúcar refinado | 60 ml de suco de limão
1 colher (chá) de raspas de limão orgânico | 60 g de manteiga
10 g de amêndoas sem pele trituradas

Além disso:

Papel-manteiga | Saco de confeiteiro com bico médio e pequeno

1. Para as cascas, misture as amêndoas e o açúcar de confeiteiro, triture ainda mais aos poucos em um processador de alimentos e passe por uma peneira fina. Cubra uma assadeira com papel-manteiga. Bata a clara de ovo com uma pitada de sal marinho e o suco de limão até endurecer. Adicione o açúcar aos poucos e continue batendo a clara em neve até ficar firme. Acrescente o corante em pasta. Adicione a mistura de amêndoas em três partes, tirando um pouco do ar da clara em neve com uma espátula. A massa deve escorrer da espátula "como lava".

2. Despeje a massa em um saco de confeiteiro com bico médio. Faça 40 montinhos do tamanho de uma moeda de 1 real na assadeira, mantendo distância entre eles. Quando todas as cascas de merengue tiverem sido feitas, dê algumas batidinhas com a mão na parte de baixo da assadeira. Deixe as cascas secarem em temperatura ambiente por 20-30 minutos. Enquanto isso, preaqueça o forno a 140°C no modo de convecção(!). Asse os merengues na grelha de baixo por 12-14 minutos. Retire o papel-manteiga da assadeira, espere os merengues esfriarem e descole do papel.

3. Para o creme, amoleça a gelatina em água fria. Bata o ovo, o açúcar, o suco e a casca de limão em uma tigela de batedeira de aço inoxidável com fundo redondo em banho-maria até formar uma espuma. Retire a tigela do banho-maria. Escorra um pouco a água da gelatina e dissolva no creme de ovos morno. Salpique a manteiga em flocos, acrescente as amêndoas em seguida e deixe o creme de limão esfriar.

4. Coloque o creme de limão no saco de confeiteiro com bico pequeno e despeje em metade das cascas de merengue, cobrindo cada uma com uma casca sem recheio. Saboreie no dia seguinte (veja a dica).

MACARONS DE FRAMBOESA

PARA 20 UNIDADES

Tempo de preparo: aprox. 1h10
Tempo de forno: aprox. 14 minutos
Tempo de descanso: aprox. 12 horas
Por unidade: aprox. 70 kcal

Ingredientes para as cascas de merengue como na receita base à esquerda. Substitua o corante alimentício amarelo por uma pitada da cor vermelho framboesa

Para o recheio de framboesa:
125 g de framboesas (frescas ou descongeladas)
70 g de açúcar refinado
5 g de pectina em pó
2 colheres (sopa) de suco de limão fresco

1. Prepare as cascas de merengue como descrito na receita base, substituindo o corante alimentício amarelo por vermelho framboesa. Asse as cascas de merengue e deixe esfriar como descrito.

2. Para o recheio, misture bem o açúcar com a pectina e leve a uma panela junto com as framboesas e o suco de limão. Cozinhe tudo até o ponto de fervura em fogo médio. Após ferver, cozinhe por mais 8-10 minutos. Despeje em uma tigela e deixe esfriar. Recheie as cascas de merengue com a mistura de framboesa, como descrito. Saboreie os macarons no dia seguinte (veja a dica).

MINHA DICA PRÁTICA

Sejam amarelos, vermelhos ou marrons: leve os macarons recheados à geladeira em um recipiente plástico com tampa e deixe descansar durante a noite. Assim, o recheio e as cascas de merengue podem unir-se perfeitamente.

MACARONS DE CHOCOLATE

PARA 20 UNIDADES

Tempo de preparo: aprox. 1h10
Tempo de forno: aprox. 14 minutos
Tempo de descanso: aprox. 12 horas
Por unidade: aprox. 95 kcal

Ingredientes para as cascas de merengue como na receita base à esquerda. Substitua o corante alimentício amarelo por uma pitada da cor vermelha e 1 colher (sopa) cheia de cacau em pó

Para o recheio de chocolate:
75 g de chocolate amargo (aprox. 70 % de cacau)
80 g de creme de leite
20 g de manteiga

1. Prepare as cascas de merengue como descrito na receita base, misturando, triturando e peneirando o cacau com as amêndoas e o açúcar de confeiteiro. Utilize o corante alimentício vermelho no lugar do amarelo. Asse as cascas de merengue e deixe esfriar como descrito.

2. Para o recheio, quebre o chocolate e derreta em uma tigela de batedeira de aço inoxidável com fundo redondo em banho-maria. Ao mesmo tempo, esquente o creme de leite, adicione ao chocolate e mexa até obter um creme uniforme. Tire a tigela do banho-maria, deixe o creme esfriar por 5 minutos e adicione a manteiga. O creme deve estar firme agora, caso contrário, deixe a massa um pouco na geladeira. Recheie as cascas de merengue com o creme de chocolate, como descrito. Saboreie os macarons no dia seguinte (veja a dica).

CRÊPES ET POMMES AU CARAMEL SALÉ

CREPE DE MAÇÃ COM CARAMELO SALGADO

Ao desfrutar estes crepes, sonho com a costa montanhosa da Bretanha, onde já passei diversas férias. As amanteigadas tiras de maçã dão o ar requintado à iguaria, que eleva o clássico bretão a uma verdadeira soulfood à la française*!*

PARA 4 PORÇÕES

Tempo de preparo: aprox. 45 minutos
Tempo de descanso: 1 hora
Por porção: aprox. 580 kcal

Para os crepes:
Aprox. 3 colheres (sopa) de manteiga
½ fava de baunilha
200 g de leite integral
125 g de farinha de trigo
1 ovo médio
1 colher (sopa) de açúcar refinado
Sal marinho

Para as maçãs:
4 maçãs ácidas
50 g de manteiga
2 colheres (sopa) de mel silvestre
Sal marinho
2 colheres (sopa) de calvados (schnapps de maçã) ou suco de maçã

Para servir:
125 g de creme de leite fresco ou 4 bolas de sorvete de baunilha

1. Para a massa do crepe, derreta 1 colher (sopa) de manteiga. Corte a fava de baunilha ao meio no sentido longitudinal e raspe as sementes. Misture vigorosamente a manteiga derretida, as sementes de baunilha (não jogue a fava fora, reserve para as maçãs), o leite, 75 ml de água, a farinha, o ovo, o açúcar e uma pitada de sal marinho. Deixe a massa descansar coberta por 1 hora.

2. Enquanto isso, para o caramelo, descasque as maçãs, corte em quatro, tire as sementes e corte em tiras. Derreta a manteiga em uma frigideira. Adicione o mel, a fava de baunilha e uma pitada de sal marinho, em seguida coloque as tiras de maçã. Salteie por aproximadamente 5 minutos até as tiras de maçã ficarem macias, mas não desmancharem. Regue com calvados ou suco de maçã e deixe ferver brevemente. Reserve as maçãs quentes tampadas ou deixe esfriar, como preferir.

3. Aqueça aproximadamente 1 colher (chá) de manteiga em uma frigideira antiaderente. Despeje ¼ da massa com a ajuda de uma concha pequena e frite o crepe dos dois lados em fogo médio por 2-3 minutos. Retire o crepe e reserve coberto. Repita o procedimento com o restante da massa até obter mais três crepes, fazendo cada um com uma colher (chá) de manteiga. Sirva o crepe com as maçãs e, se desejar, com uma porção de creme de leite fresco batido ou uma bola de sorvete de baunilha.

MOUSSE AU CITRON

MUSSE DE LIMÃO

A manteiga é responsável não apenas pela cremosidade a mais, mas também para que a musse fique leve sem gelatina. Outro destaque: também é possível congelar a musse e servir como parfait!

PARA 6 PORÇÕES

Tempo de preparo: aprox. 35 minutos
Tempo de refrigeração: ao todo aprox. 2h30
Por porção: aprox. 295 kcal

3 limões orgânicos
3 ovos médios
100 g de açúcar refinado
40 g de manteiga
250 g de creme de leite

1. Lave os limões com água quente, seque e descasque fino (tire apenas a parte amarela, não a branca, pois o sabor é mais azedo!). Esprema os limões.

2. Misture os ovos e o açúcar com o suco e a casca de limão em uma tigela de batedeira de aço inoxidável com fundo redondo. Leve a tigela a banho-maria e bata vigorosamente a mistura de ovos e açúcar com o fouet, até obter um creme espesso e espumoso. Em seguida, tire a tigela do banho-maria.

3. Misture a manteiga em pedaços pequenos e continue batendo o creme vigorosamente. (Para manter o volume.) Cubra o creme com filme plástico e leve à geladeira por aproximadamente 30 minutos.

4. Bata o creme de leite até engrossar. Tire o creme de limão da geladeira e mexa um pouco. Adicione o creme de leite com calma no creme de limão e coloque a musse em uma tigela ou em taças de sobremesa. Leve à geladeira por no mínimo 2 horas antes de servir.

MINHA DICA DE DECORAÇÃO

Em taças de sobremesa, despeje a musse em camadas intercaladas com frutas vermelhas adocicadas e cubos de figo ou incremente com um coulis *de frutas vermelhas trituradas e peneiradas.*

CRÈME BRÛLÉE

CREME DE BAUNILHA COM CROSTA DE CARAMELO

Très classique *este creme e, para mim, de longe o preferido mesmo puro, sem outros aromas (Gengibre! Cumaru! Lavanda!). O creme que derrete na boca debaixo da crosta de caramelo é a pedida certa após uma refeição leve.*

PARA 4 PORÇÕES
Tempo de preparo: aprox. 25 minutos
Tempo de forno: aprox. 45 minutos
Tempo de refrigeração: no mínimo 2 horas
Por porção: aprox. 400 kcal

1 fava de baunilha
400 g de creme de leite
1 tira de casca de laranja orgânica (aprox. 5 cm)
5 gemas médias
4-5 colheres (sopa) de açúcar refinado

Além disso:
4 forminhas planas ou xícaras grandes (de aprox. 150 ml cada) refratárias e 1 fôrma grande para gratinar
Brûlierer (maçarico pequeno)

1. Corte a fava de baunilha ao meio no sentido longitudinal e raspe as sementes com uma faca pequena. Cozinhe o creme de leite com a casca de laranja, a fava e as sementes de baunilha. Tire a panela do fogo e deixe o creme de baunilha descansar por aproximadamente 10 minutos.

2. Bata as gemas com 2 colheres (sopa) de açúcar até obter uma espuma, peneire o creme de baunilha e misture. Despeje a mistura de gemas nas forminhas ou xícaras.

3. Preaqueça o forno a 120°C. Coloque as forminhas dentro da fôrma grande e coloque água quente até cobrir 2/3 das forminhas. Coloque a fôrma grande com as forminhas na grelha do meio e deixe o creme engrossar por aproximadamente 45 minutos. Retire as forminhas da água, espere esfriar e leve à geladeira tampado por no mínimo 2 horas.

4. Para flambar, coloque as forminhas de volta na fôrma grande e encha com água com gelo – isto evita que o creme esquente durante o processo. (O requintado no crème brûlée é justamente o contraste entre o creme frio e a cobertura quente crocante.) Polvilhe os cremes com o açúcar restante e caramelize com o maçarico. Sirva imediatamente!

MINHA VARIANTE

Para um crème brûlée de chocolate, pegue 200 g de creme de leite e 200 ml de leite, 100 g de um bom chocolate amargo (aprox. 70% de cacau) picado e derreta na mistura quente de creme de leite e leite.

SORBET DE CASSIS AU THYM

SORBET DE CASSIS COM TOMILHO

Adoro cassis! Por sorte, temos no jardim um velho arbusto de cassis de onde sempre posso colher um punhado da fruta azedinha diretamente dos galhos. Tenho que tomar cuidado para que sobre o suficiente para o sorbet…

PARA 4 PORÇÕES

Tempo de preparo: aprox. 30 minutos
Tempo de refrigeração: aprox. 1 hora
Tempo de congelamento: aprox. 30 minutos (sorveteira) ou no mínimo 4 horas (congelador)
Por porção: aprox. 160 kcal

500 g de cassis
80 g de açúcar refinado
40 g de mel de acácia
6-8 ramos pequenos de tomilho

1. Lave o cassis, tire os cachos e coloque em uma panela. Cozinhe com 150 ml de água e o açúcar e ferva por 5 minutos até o cassis estourar.

2. Passe o cassis por uma peneira e aperte bem. Misture o mel. Lave o tomilho e separe 4 ramos bonitos para decorar. Tire aproximadamente 1 colher (sopa) de folhas do tomilho restante, pique fino e misture ao suco. Deixe a massa esfriar totalmente.

3. Congele a massa de sorbet em uma sorveteira por aproximadamente 30 minutos ou coloque a mistura de cassis em uma tigela plana e leve ao congelador por no mínimo 4 horas, mexendo vigorosamente com um fouet a cada 20 minutos.

4. Tire o sorbet do congelador 20 minutos antes de servir e deixe descongelar lentamente na geladeira. Distribua em taças de vinho ou de sobremesa, decore com os ramos de tomilho e sirva o sorbet de cassis imediatamente.

CLAFOUTIS AUX CERISES

CLAFOUTIS DE CEREJA

Em vez de imersas na clássica massa de farinha e leite, em meu clafoutis as cerejas aparecem dentro do crème fraîche – o que torna minha versão especialmente leve e cremosa. Não deixe de fazê-la na época de cerejas frescas.

PARA 4 PORÇÕES

Tempo de preparo: aprox. 25 minutos
Tempo de forno: aprox. 20 minutos
Por porção: aprox. 305 kcal

250 g de cerejas (veja a dica)
½ fava de baunilha
2 ovos médios
40 g de açúcar refinado
150 g de crème fraîche (ver nota na p. 44)

Além disso:
4 forminhas refratárias (de aprox. 150 ml cada)
Manteiga para untar
Açúcar de confeiteiro para polvilhar

1. Preaqueça o forno a 180°C. Lave as cerejas e tire o caroço. Corte a fava de baunilha ao meio no sentido longitudinal e raspe as sementes. Unte bem as forminhas com manteiga.

2. Bata vigorosamente com o fouet os ovos, as sementes de baunilha e o açúcar. Em seguida, acrescente o crème fraîche.

3. Coloque metade das cerejas nas forminhas, despeje o creme de ovos por cima e distribua o restante das cerejas.

4. Asse o clafoutis na grelha do meio por aproximadamente 20 minutos até o creme ficar firme. Retire as forminhas, polvilhe com açúcar de confeiteiro e sirva morno ou frio.

MINHA DICA DE TROCA

Você também pode usar cerejas congeladas. Coloque-as congeladas nas forminhas. Nesse caso, o tempo de forno aumenta aproximadamente 5 minutos.

TARTE TATIN AUX ABRICOTS

TARTE TATIN DE DAMASCO

Já fiz tarte tatin com todos os tipos de fruta e gosto dela principalmente com damascos – ao lado da receita clássica com maçãs. Sobrou sorvete de baunilha no congelador? Ótimo, combina direitinho!

PARA 1 FÔRMA DE TORTA COM FUNDO FIXO (26 CM DE DIÂMETRO)

Tempo de preparo: aprox. 40 minutos
Tempo de refrigeração: aprox. 30 minutos
Tempo de forno: aprox. 35 minutos
Por pedaço: aprox. 365 kcal
Rende 8 pedaços

Para a massa podre:
200 g de farinha de trigo
50 g de açúcar refinado
Sal marinho | 100 g de manteiga gelada

Para a cobertura:
125 g de açúcar refinado
Sal marinho (de preferência, flor de sal)
Aprox. 750 g de damascos maduros e aromáticos | 50 g de manteiga
2 colheres (sopa) de açúcar de baunilha

Além disso:
Manteiga para untar | Farinha para trabalhar

MINHA DICA PRÁTICA

Se você não tiver uma fôrma de torta com fundo fixo e estiver com medo de não fechar direito, coloque uma folha de papel-alumínio no fundo e aperte bem as extremidades por cima na borda da fôrma.

1. Para a massa podre, coloque a farinha, o açúcar, uma pitada de sal marinho, a manteiga gelada em flocos e 2-3 colheres (sopa) de água gelada em uma tigela de batedeira e forme granulados com os dedos. Bata vigorosamente os granulados até formar uma bola chata de massa. Embrulhe em filme plástico e leve à geladeira por 30 minutos.

2. Unte bem a fôrma de torta com manteiga. Preaqueça o forno a 220°C.

3. Para a cobertura, derreta lentamente o açúcar em caramelo em uma panela pequena em fogo baixo. Despeje o caramelo na fôrma de torta, mexendo para que seja coberta uniformemente. Salpique duas pitadas iguais de sal marinho.

4. Lave os damascos, corte ao meio e tire o caroço. Coloque na fôrma com a curvatura para baixo. Salpique a manteiga em flocos e polvilhe igualmente com açúcar de baunilha.

5. Abra a massa gelada em um pouco de farinha até ficar um pouco maior que a fôrma e coloque em cima do damasco, dobrando as pontas entre o recheio e a fôrma. Fure a massa repetidas vezes com um garfo.

6. Coloque a fôrma na grelha do meio do forno e diminua a temperatura para 200°C. Asse a torta por aproximadamente 35 minutos, até a massa ficar dourada e crocante. Retire a fôrma do forno e deixe a torta esfriar por aproximadamente 5 minutos. Coloque um prato de bolo em cima da torta e desenforme.

MON PLAISIR... DAS CONFEITARIAS FRANCESAS

Inúmeras fotos de vitrines de confeitarias francesas comprovam: em nenhum outro lugar os docinhos chamam tanto a atenção quanto na França. Tortas grandes ao lado de mini-tartelettes, iguarias pequenas como religieuses, chaussons aux pommes *ou* madeleines. *Os bolos amanteigados e de amêndoas alemães quase não são páreo.*

Mas, sejamos sinceros, nem todo docinho das confeitarias francesas é tão gostoso quanto parece. A solução é experimentar! Quando estamos viajando em família pela França, sempre pedimos guloseimas diferentes e comemos um pouquinho ali, damos uma mordidinha aqui, dividimos, avaliamos – e, em seguida, compramos os suprimentos.

MASSA FAVORITA COM VARIAÇÕES

A massa podre é quase sempre a base crocante e leve para tortas & Cia., com exceção da amanteigada massa folhada, que aparece vez ou outra. Enquanto nos países de língua alemã o termo *Mürbeteig* [massa podre] é amplamente usado, os franceses são assombrados por vários outros termos. Às vezes falam de *pâte brisée*, outras de *pâte sablée*, e tem ainda a *pâte sucrée*. Para esclarecer: a ordem é aleatória e, sinceramente, não entendo nada dessa loucura com as massas. Os próprios confeiteiros franceses não entram em um acordo se uma *pâte sablée* pode ser chamada assim

quando contiver açúcar, ou se já é o caso de uma *pâte sucrée*. Melhor deixar isso pra lá! E nomearemos essa massa de forma simples e abrangente: massa podre...

Uma coisa é certa: há diversas possibilidades para se obter uma boa massa podre. E boa, neste caso, quer dizer: estável o suficiente para suportar o recheio da torta, mas desmancha como se fosse de uma *tarte* francesa. Tanto que poderia saboreá-la pura – mas seria um pecado, pois precisaria renunciar aos saborosos cremes e coberturas.

MASSA PODRE FÁCIL DE FAZER!

Quem tiver dificuldades com a massa podre "original", pode seguir esta receita para obter uma massa mais firme para as tortas das próximas páginas: bata 125 g de manteiga mole e 125 g de açúcar refinado com o batedor de uma batedeira até obter um creme. Adicione 2 ovos médios batidos e uma pitada de sal marinho. Coloque 300 g de farinha de trigo, misture um pouco e sove com as mãos em um pouco de farinha até obter uma bola uniforme de massa. Após 1 hora de descanso na geladeira, a massa poderá ser aberta com facilidade. E agora, vamos às tortas!

A ARTE DA CONFEITARIA FRANCESA LEVA ÀS NUVENS.

LES TARTES SUCRÉES

TORTAS DOCES

UM PEDACINHO DE TORTA SEMPRE VAI BEM, NÃO É? SEJA À MODA FRANCESA COMO SOBREMESA, ACOMPANHADA POR UMA XÍCARA DE CAFÉ EXPRESSO OU NA TRADIÇÃO ALEMÃ PARA O CAFÉ DA TARDE – NINGUÉM CONSEGUE RESISTIR!

TARTE AU CHOCOLAT ET CARAMEL SALÉ

TORTA DE CARAMELO COM CHOCOLATE

Um sonho de torta! A base é leve e crocante, o caramelo é cremoso, a camada de chocolate é abundante… A pedida certa para um café saboroso de domingo!

PARA 1 FÔRMA DE TORTA (26 CM DE DIÂMETRO)

Tempo de preparo: aprox. 1h20
Tempo de descanso e refrigeração: ao todo no mínimo 3h30
Tempo de forno: 20-25 minutos
Por pedaço: aprox. 590 kcal
Rende 10 pedaços

Para a massa podre:
200 g de farinha de trigo
50 g açúcar refinado | Sal marinho
125 g de manteiga gelada
1 gema média

Para a cobertura:
150 g de açúcar refinado
350 g de creme de leite
135 g de manteiga | Sal marinho (de preferência, flor de sal)
250 g de chocolate amargo para cobertura | 1 colher (sopa) de cacau para polvilhar
Flor de sal para polvilhar

Além disso:
Manteiga para untar
Farinha para trabalhar
Papel-manteiga e feijões crus para pré-assar

1. Misture a farinha, o açúcar, uma pitada generosa de sal marinho e a manteiga gelada em uma tigela de batedeira, formando flocos com os dedos. Sove vigorosamente com a gema e 1 colher (sopa) de água gelada até obter uma massa mole. Embrulhe a massa em filme plástico e leve à geladeira por 30 minutos.

2. Preaqueça o forno a 200°C. Unte a fôrma. Abra a massa em um pouco de farinha até ficar um pouco maior que a fôrma e coloque com cuidado. Fure o fundo da massa várias vezes com um garfo. Cubra com papel-manteiga e os feijões. Pré-asse na grelha do meio por 20-25 minutos até dourar, retirando o papel-manteiga e os feijões depois de 15 minutos.

3. Para a cobertura, derreta o açúcar em fogo médio sem mexer. Esquente 150 g de creme de leite e misture bem com o açúcar derretido. Deixe ferver um pouco por 2-3 minutos até os torrões de açúcar dissolverem. Adicione 75 g de manteiga em flocos e ½ colher (chá) de sal marinho até a calda ficar cremosa. Deixe amornar. Em seguida, regue a calda de caramelo no fundo da torta e espere esfriar por 1 hora. A calda ficará um pouco mais espessa.

4. Pique grosseiramente a cobertura e coloque em uma tigela. Aqueça o restante do creme de leite e regue no chocolate, mexendo até a cobertura dissolver. Adicione o restante da manteiga em pedaços até obter um creme uniforme. Distribua o creme de chocolate na camada de caramelo. Deixe a torta esfriar por, no mínimo, mais 2 horas. Polvilhe com cacau e duas pitadas de flor de sal antes de servir.

TORTA DE PINOLI

PARA 1 FÔRMA DE TORTA (26 CM DE DIÂMETRO)

Tempo de preparo: aprox. 50 minutos
Tempo de resfriamento: aprox. 30 minutos
Tempo de forno: aprox. 55 minutos
Por pedaço: aprox. 490 kcal
Rende 10 pedaços

Ingredientes da massa na receita base à esquerda

Para a cobertura:
125 g de manteiga amolecida
100 g de açúcar de confeiteiro
2 colheres (sopa) de açúcar de baunilha
125 g de amêndoas trituradas
3 ovos médios
2 colheres (sopa) de rum ou leite
60 g de pinoli
1 colher (sopa) de açúcar de confeiteiro

1. Prepare a massa podre como descrito na receita base, espere esfriar e pré-asse com papel-manteiga e feijões crus por aproximadamente 20 minutos.

2. Enquanto isso, para a cobertura, misture a manteiga, o açúcar de confeiteiro e o açúcar de baunilha até formar uma espuma. Adicione as amêndoas e misture vigorosamente, colocando um ovo de cada vez. Acrescente o rum ou o leite. Retire a fôrma do forno e tire o papel-manteiga com os feijões.

3. Passe o creme de amêndoas no fundo da massa. Asse por mais 30 minutos na grelha do meio, distribuindo na superfície os pinoli após 15 minutos. Tire a torta e polvilhe por igual com açúcar de confeiteiro. Asse por mais 5 minutos até os pinoli ficarem levemente caramelizados. Retire a torta do forno e deixe esfriar em uma grade para resfriar bolo. Sirva em seguida.

TORTA DE LARANJA

PARA 1 FÔRMA DE TORTA (26 CM DE DIÂMETRO)

Tempo de preparo: aprox. 1 hora
Tempo de resfriamento: ao todo, no mínimo, 1h30
Tempo de forno: aprox. 25 minutos
Por pedaço: aprox. 430 kcal
Rende 10 pedaços

Ingredientes da massa na receita base à esquerda

Para a cobertura
400 ml de suco de laranja fresco (de aprox. 5 laranjas)
Raspas de 2 laranjas orgânicas
100 g de açúcar refinado | 3 ovos médios
2 gemas | 25 g de amido de milho
200 g de manteiga gelada
Gomos e raspas de laranja para decorar (opcional)

Além disso:
Brûlierer (maçarico pequeno)

1. Prepare a massa podre como descrito na receita base, espere esfriar e pré-asse com papel-manteiga e feijões crus por aproximadamente 25 minutos até dourar.

2. Enquanto isso, reduza o suco e as cascas de laranja a 225 ml. Misture 75 g de açúcar com os ovos, as gemas e o amido de milho. Regue o suco de laranja quente mexendo sempre e coloque a mistura de volta na panela. Cozinhe mexendo sempre até o creme ficar mais espesso e ferva por mais 10 segundos sem parar de mexer. Tire a panela do fogo. Passe o creme por uma peneira. Acrescente a manteiga em flocos. Deixe o creme coberto para esfriar.

3. Passe o creme na massa podre 1 hora antes de servir e deixe a torta esfriar novamente. Para servir, polvilhe a torta por igual com o açúcar restante e caramelize com o maçarico. Se desejar, decore com os gomos e as raspas de laranja.

TARTE AUX POMMES

TORTA DE MAÇÃ

Adoro, acima de tudo, a combinação de massa podre crocante com cobertura de frutas! Não é de surpreender, portanto, que esta torta tenha virado um clássico em nossa família e já adoçou muitos de nossos cafés com bolos de domingo.

PARA 1 FÔRMA DE TORTA (26 CM DE DIÂMETRO)

Tempo de preparo: aprox. 1 hora
Tempo de resfriamento: aprox. 30 minutos
Tempo de forno: aprox. 50 minutos
Por pedaço: aprox. 310 kcal
Rende 10 pedaços

Para a massa podre:
200 g de farinha de trigo
50 g de açúcar refinado
Sal marinho
125 g de manteiga gelada
1 gema de ovo médio

Para a cobertura:
1 kg de maçãs ácidas
75 g de manteiga
4-5 colheres (sopa) de açúcar refinado
2 colheres (sopa) de suco de limão
2 colheres (sopa) de geleia de damasco

Além disso:
Manteiga para untar
Farinha para trabalhar
Papel-manteiga e feijões crus para pré-assar

1. Para a massa podre, coloque em uma tigela de batedeira a farinha, o açúcar, uma pitada generosa de sal marinho e a manteiga gelada em flocos e forme granulados com os dedos. Adicione a gema e 1 colher (sopa) de água gelada. Sove tudo vigorosamente até obter uma massa mole. Embrulhe a massa em filme plástico e leve à geladeira por 30 minutos.

2. Preaqueça o forno a 200°C. Unte a fôrma de torta com manteiga. Em um pouco de farinha, abra a massa até ficar um pouco maior que a fôrma, cobrindo-a. Fure o fundo da massa várias vezes com um garfo. Cubra com papel-manteiga e os feijões. Pré-asse na grelha do meio por 20 minutos.

3. Enquanto isso, para a cobertura, descasque e retire as sementes das maçãs. Pique metade das maçãs em pedaços pequenos e coloque em uma panela. Adicione 50 g de manteiga, 2 colheres (sopa) de açúcar e 4 colheres (sopa) de água. Cozinhe tudo por 5-10 minutos até formar uma compota com pedaços. Corte as maçãs restantes em tiras finas e regue imediatamente com suco de limão.

4. Retire a fôrma de torta do forno. Tire o papel-manteiga e os feijões. Distribua a compota de maçã no fundo da massa e coloque as tiras de maçã na forma de uma roseta. Distribua o restante da manteiga em flocos e polvilhe com o restante de açúcar. Asse a torta na grelha do meio por aproximadamente mais 30 minutos até as tiras de maçã ficarem levemente douradas. Retire a torta do forno. Passe a geleia de damasco por uma peneira e polvilhe imediatamente na torta quente.

ÍNDICE REMISSIVO

OBRIGADA...

Monsieur, Johanne e Pauline – *por tudo.*

Alessandra Redies, *a incansável redatora, que deu o empurrão para este livro e me fez realizar um sonho,*

Susanne Bodensteiner *pela revisão cuidadosa e paciente,*

Tina *e* **Tim** *por modelarem espontaneamente aos sábados,*

Bjørn *pela ótima bicicleta,*

Janet Hesse, *que participou com determinação não apenas nas fotos de capa, mas ajudou sempre de bom humor,*

e, especialmente, **Wolfgang Schardt**, *que fotografou com persistência e dedicação e, com sua busca pelas condições adequadas, deixou de ponta-cabeça não apenas nossa casa. Ele transformou minha cozinha bistrô em imagens maravilhosas* – merci!

CRÉDITOS

A AUTORA

Anne-Katrin Weber tem um encanto pela França desde criança, alguns dizem que ela foi "infectada" pelo país. Mora com a família em Hamburgo, escreve livros de culinária, cria receitas e atua como estilista de alimentos. Sempre que possível, ela viaja para seu país preferido buscando o sol ao sul e o vento ao norte – mas sempre com bons croissants, queijo não pasteurizado e um vinho refinado! **www.annekatrinweber.de**

O FOTÓGRAFO

Wolfgang Schradt vive profissionalmente sua paixão por comidas, bebidas e a França: em seu estúdio em Hamburgo ele fotografa principalmente comida para revistas, livros e peças publicitárias. Desde a produção fotográfica deste livro, ele entende por que Anne-Katrin começou a assar seu próprio pão. Portanto, vai um apelo conjunto para todas as padarias de Hamburgo: façam croissants tão amanteigados e baguetes tão crocantes quanto as francesas! **www.wolfgangschardt.com**

Nosso muito obrigado à assistente de fotografia **Janet Hesse**, que também fotografou a capa, e a **Elisabeth Hirsch** pelo intenso apoio durante as sessões.

Publicado pela primeira vez em 2014 na Alemanha por Gräfe und Unzer Verlag, com o título *Meine Fabelhafte Bistro-Küche*.

CRÉDITOS DA EDIÇÃO ORIGINAL

Produção de imagem e foto: www.jalag-syndication.de
Conceito e direção de projeto: Alessandra Redies
Edição de texto: Susanne Bodensteiner, Munique
Composição: Knipping Werbung GmbH, Berg bei Starnberg
Revisão: Waltraud Schmidt
Projeto gráfico: Medien-Design, Horst Moser, Munique

CRÉDITOS DAS IMAGENS

Foto da capa: Janet Hesse
Fotos do miolo: Wolfgang Schardt
Ilustrações: Shutterstock Images UC
Produção editorial: Renate Hutt

CRÉDITOS DESTA EDIÇÃO

Coordenação editorial: Márcia Duarte
Produção gráfica e direção de arte: Vivian Valli
Assistente de produção: Aldine Rosa
Tradução: Jéssica Fernandes Alonso
Preparação: Maria Luiza Almeida
Revisão: Aline Naomi Sassaki
Composição: Estúdio Asterisco

1ª edição 2016

Publicado e distribuído no Brasil com exclusividade por
Brasil Franchising • CNPJ 07.923.034/0004 40
Av. Sagitário, 138 – 25° andar • Torre London
Alpha Square Mall • Alphaville
Barueri-SP • CEP 06473-073
Tel 11 3706-1466 • sac@editoranobel.com.br

Impresso na Alemanha/*Printed in Germany*

OBSERVAÇÃO SOBRE O FORNO

Os tempos de forno podem variar de acordo com o fogão. Os valores de temperatura deste livro referem-se a fornos elétricos com aquecimento superior e inferior e podem divergir em fogões a gás ou em fornos de convecção. Consulte o manual de seu fogão.